멸종 위기
동식물
 문제일까?

KB142801

멸종 위기 동식물 무엇이 문제일까?

1판 3쇄 발행   2022년 12월 30일

글쓴이   이억주

편집   이용혁
디자인   문지현

펴낸이   이경민
펴낸곳   ㈜동아엠앤비
출판등록   2014년 3월 28일(제25100-2014-000025호)
주소   (03737) 서울특별시 서대문구 충정로 35-17 인촌빌딩 1층
홈페이지   www.dongamnb.com
전화   (편집) 02-392-6903   (마케팅) 02-392-6900
팩스   02-392-6902
SNS   🅵 🅾 🗪
전자우편   damnb0401@naver.com

ISBN   979-11-6363-521-5 (43470)

10대가 꼭 읽어야 할
사회·과학교양 8

멸종 위기 동식물

무엇이 문제일까?

이억주 지음

인간 때문에 지구에서 자취를 감춘 동식물들

동아엠앤비

나는 지금 거대한 우주 속에서 우리은하라고 하는 별무리 중 태양계의 작은 행성인 지구라는 우주선에 탑승해 있는 우주인이다. 여러분도 마찬가지다. 끝도 모를 광활한 우주에 헤아릴 수 없이 많은 별들 중에 왜 하필이면 지구일까? 왜 지금까지 지구 외의 천체에서 인류와 같은 지적 생명체를 발견하지 못했을까? 태양계가 생긴 지 50억 년, 지구가 생긴 지 46억 년, 지구에 최초의 생명체가 탄생한 지 35억 년, 최초의 다세포 생물이 탄생한 지 25억 년, 공룡이 출현한 지 3억 년, 인류가 출현한 지 500만 년, 여러분과 내가 태어난 지는 몇 년? 최초의 다세포 생물이 탄생하고 25억 년이 지나는 동안 지구에 약 140만 종의 생물이 살아가는 우주선으로 바뀌었다.

　수성, 금성, 화성, 목성, 토성과 같은 태양계의 행성 중 인류와 같은 생명체가 살아가는 행성은 없다. 지구의 인류가 다른 행성에 가서 살 수 있는 능력을 가진 것도 아니다. 지구의 생물종들은 끊임없이 사라지고 계속해서 생긴다. 이렇게만 적어 놓으면 별 감흥이 없겠지만 지구에서 없어지는 생물종은 우주에서 영원히 소멸

하는 것이다. 생물종들은 왜, 어떻게 없어지는 것일까? 없어진 생
물종들은 다시 생겨날 수 없을까? 우리 인류는 생물종이 없어지
는 데 원인을 제공하지는 않을까? 생물종이 지구에서 없어진다는
것은 무슨 의미일까? 생물이 죽는 것과 생물종이 멸종된다는 것
은 어떻게 다를까? 간단한 퀴즈를 풀면서 생각해 보자.

　여러분은 다음 사례 중에서 어떤 행위가 생물종의 멸종을 유
발할 가능성이 있다고 생각하는가?

아래에서 일부 생물종이 멸종할 가능성이 있는 상황은?

① 지름 10km 정도 되는 운석이 떨어졌다.
② 밤새 피를 빨아대는 모기들을 보이는 대로 죽여 버렸다.
③ 잡초를 뽑다 지친 농부가 제초제를 뿌려 밭 주변 풀이 나지 않게 되었다.
④ 타노스의 핑거스냅으로 인류의 절반이 사라졌다.
⑤ 배가 좌초되어 표류하던 선원들이 무인도에 상륙해 몸집이 커서 날지 못하는 새를 모조리 잡아먹었다.
⑥ 새로운 경작지를 만들기 위해 나무를 베어내고 가축을 지키기 위해 늑대를 보이는 대로 사냥했다.

먼저 ①번. 6500만 년 전 멕시코 유카탄반도에 지름 10~15km 되는 운석 또는 혜성으로 추정되는 천체가 떨어졌다. 이 충격으로 지름 약 150km, 깊이 약 20km의 거대한 충돌구가 생겼다. 유카탄주 칙술루부라는 지명을 따서 '칙술루부 충돌구'라고 한다. 이 충돌로 전 지구적인 기후변화가 일어나고 공룡을 비롯한 생물종의 약 75%가 멸종되었다. 이 사건은 중생대 백악기가 끝나고 신생

천체가 떨어져 이 정도의 충돌구가 생긴다면 수많은 생물종이 멸종할 수도 있다.
사진은 미국 애리조나 베링거 운석구로 지름이 약 1.2km다.

대로 이어지는 시대를 구분하는 대멸종의 원인으로 받아들여지고 있다. 운석이나 혜성 또는 소행성의 지구 충돌은 그 크기에 따라 지구 생물종의 일부를 멸종시킬 정도로 강력하다. 지구 곳곳에는 이런 천체들의 충돌구가 존재한다. 남아프리카공화국의 브레드포트돔은 20억 년 전 운석 충돌로 생긴 지구상에서 발견된 가장 오래된 운석구로 지름이 140~300km 정도 된다. 오스트레일리아 빅토리아주 우들레이에도 2억 5000만 년 전 운석 충돌로 생긴 지름 130km의 운석구가 있다. 이 충돌은 고생대 페름기와 중생대 트라이아스기를 구분하는 사건이 되었고, 지구상의 거의 모든 생물종이 멸종되는 엄청난 결과를 초래했다. 미국 애리조나주의 베링거 운석구나 우리나라 경남 합천의 적중-초계분지의 운석 충돌구 등은 비교적 작은 것이지만, 운석이나 소행성 또는 혜성의 충돌은 충분히 일부 생물종의 멸종 원인이 될 수 있다.

②번처럼 피를 빠는 모기들을 보이는 대로 죽이는 것은 멸종과 관계가 없다. 멸종이란 어느 한 종 자체가 없어져 다시는 이 종이 생기지 않는 것이다. 물론 그 모기가 멸종 위기종 즉, 멸종 위기에 처해 있거나 가까운 장래에 멸종 위기에 처할 우려가 있는 종이라면 이야기는 다르다. 우리나라의 경우 267종의 야생생물이 멸종 위기에 처해 있다. 이런 종들은 국가적으로 보호하고 관리하지 않으면 지구상에서 영원히 사라지고 동물원이나 박물관에 가야만 볼 수 있을 것이다. 그것도 박제로만 보게 될지도 모른다.

③번 제초제를 뿌려 잡초를 죽이거나 더 이상 나지 않게 하는

제초제의 과두한 사용은 일부 생물종을 멸종에 이르게 힐 수도 있다.

것 역시 멸종과 직접적인 관계는 없다. 우리가 흔히 말하는 잡초는 농작물의 성장에 방해가 된다고 생각하는 풀이다. 그래서 농부들은 항상 잡초 제거에 신경을 쓴다. 대체로 잡초들은 농지 전역에 퍼져 서식하고 있기 때문에 일부 농경지에 제초제를 뿌린다고 해서 멸종에 이르지는 않는다. 대부분의 잡초는 농작물보다 먼저 자라 씨를 흩뿌리거나, 뿌리나 줄기만 있어도 번식을 할 수도 있고, 농작물과 비슷한 모습을 하거나, 화려하지 않으면서도 작고 많은 씨앗을 만들고 바람을 이용해 멀리 퍼뜨릴 수 있는 등 다양한 생존 전략을 가지고 있어 쉽게 사라지지 않는다. 그러나 제초제를 넓은 장소에 과도하게 쓴다면 그중에서도 개체수가 적은 식물들은 한 지역에서 사라지거나 장기적으로 보았을 때 일부 식물종이 멸종할 수도 있다. 또한 제초제로 인해 수질이 오염되거나, 농경지를 매립하여 서식지가 사라지면 식물들은 사라질 수밖에 없다. 제초제만이 원인은 아니겠지만 서식지 감소와 무분별한 채취로 인해 우리나라 88종의 자생식물이 멸종 위기종으로 지정되어 보호 관리되고 있다.

④번 타노스의 핑거스냅은 인류의 멸종과 관계가 깊다. 타노스는 마블 시네마틱 유니버스 〈어벤져스〉 시리즈라는 영화의 등장인물이며 6개의 인피니티 스톤의 힘을 빌어 손가락을 튕기는 핑거스냅으로 지각 있는 생명체의 절반을 없애려고 시도했다. 타노스는 왜 생명체의 절반을 죽이려고 했을까? 그것은 타노스의 고향 행성인 타이탄의 인구 증가를 우려해서 그랬던 것이고, 타노스가 반대에 부딪치고 쫓겨나자 타이탄은 타노스의 우려대로 멸망하게 된다. 타노스는 타이탄의 인구가 끊임없이 증가하는데 자원

타노스의 핑거스냅으로 우주 전체의 생물종의 절반이 사라진다면 인류의 멸종을 막을 수 있을까?

은 한정되어 있기 때문에 인구를 대폭 줄이는 방법밖에 없다고 생각한 것이다. 영화에서는 타노스의 핑거스냅으로 우주 전체 생명체의 절반이 먼지가 되어 사라졌지만, 어벤져스의 활약으로 죽었던 생명체들이 되살아난다. 영화를 만든 사람들이 정말 타노스의 핑거스냅이 미래의 지구를 살릴 수 있는 방법이라고 믿고 있었던 것은 아닐까? 현실 세계에서 지구 생명체의 절반이 사라진다면 어떤 일이 일어날까? 남아 있는 절반의 생명체가 더 풍족하게 지구의 자원을 소모하면서 살아갈 수 있을지도 모른다. 하지만 인구가 밀집되어 있는 도시 지역은 노동력 부족 현상이 일어나 생활 편의 활동에 문제가 생길 수도 있다. 또한 지역에 따라 어느 생물종은 번성할 수 있지만 어느 생물종은 멸종 위기에 처할 수도 있다. 특히 특정 종에 의지해서 살아가는 생명체들에게는 치명적일 수 있다. 타노스의 핑거스냅으로 생명체의 절반이 사라진다면 지구 생태계의 균형이 어떻게 이루어질지 예측하기는 쉽지 않다. 그렇지만 어느 개체가 절반으로 줄어든다면 그 개체와 관계를 맺고 사는 또 다른 종의 존속은 그야말로 운명에 맡겨야 될지도 모른다.

⑤번의 경우는 멸종과 매우 밀접한 관계가 있다. 실제로 모리셔스섬에서 '도도'라고 하는 조류가 멸종되는 일이 있었다. 모리셔스는 아프리카 동부 인도양의 마다가스카르 동쪽에 있는 섬이다. 1505년 포르투갈 사람들이 처음으로 상륙했고, 이후 선박의 경유지가 되어 유럽 사람들이 드나들게 되었다. 이 섬에 살고 있던 날지 못하는 커다란 새인 도도는 처음 보는 선원들을 무서워하

지 않았고, 선원들은 도도를 사냥하기 시작했다. 또한 네덜란드 사람들이 모리셔스섬을 죄수를 가두는 곳으로 이용하면서 원숭이와 쥐 등이 함께 유입되어 도도와 도도의 알을 공격하기 시작했다. 결국 도도는 급격하게 개체수가 줄어 1681년에 멸종되고 말았다. 도도뿐만 아니라 이 섬에 살고 있던 조류 45종 가운데 24종이 같은 운명을 맞았다. 세계 곳곳에는 독특한 생태계를 유지하고 있는 섬들이 많다. 그 섬에만 서식하는 생물종들은 외부와의 교류가 없다면 전 세계의 유일한 종일 수 있다. 이러한 곳에 외부에서 사람이나 포식자들이 유입되어 생태계가 교란된다면 유일한 종들의 운명은 불을 보듯 뻔해진다.

섬나라인 모리셔스에서 멸종된 도도는 무분별한 사냥과 외래동물이 원인이 되었다.

⑥번 경작지를 만들기 위해 나무를 베어내고 가축을 기르거나 지키기 위해 늑대를 사냥하면 생태계의 먹이사슬이 깨지기 때문에 생물종의 멸종에 영향을 미칠 수 있다. 나무를 베어내면 나뭇잎을 먹고사는 곤충이나 나무에 집을 짓고 사는 조류 등이 서식지를 잃게 된다. 가축을 지키기 위해 늑대를 사냥해서 늑대가 사라진다면 늑대가 잡아먹는 초식동물의 개체수가 늘어나게 된다. 그렇게 되면 초식동물이 먹는 풀이 줄어들게 되어 초원이 황폐하게 된다. 결국 초식동물의 생존에 영향을 미치게 된다. 초식동물의 개체수가 줄어들거나 멸종된다면 그 초식동물을 잡아먹고 사는 육식동물의 개체수도 문제가 생긴다. 이렇게 생태계는 생산자와 소비자가 먹고 먹히는 관계를 유지하며 살아가고 있다. 먹이사슬이 그물처럼 얽혀 복잡한 관계를 이루고 있는 것이 바로 건강한 생태계를 나타내는 것이다.

경작지를 확보하기 위해 나무를 베어내는 일은 전 세계에서 흔히 일어나고 있는 일이다. 그 자리에 농작물과 가축을 기르면서 농사에 방해되는 야생동물들이 사냥을 당하거나 서식처를 빼앗기게 된다. 실제로 미국에서는 지금도 늑대의 개체수에 따라 사냥 여부를 결정하기도 한다. 우리나라도 1960년대 이전까지도 경작지를 확보하기 위한 화전농업이 성행했다. 미개간지나 휴경지에 농작물을 기르기 위해 불을 놓는 것을 화전이라고 하는데, 아주 오래 전부터 우리나라뿐만 아니라 중국과 일본에서도 이용해온 농법이었다. 화전농법에 의해 많은 야생동물들이 서식처를 잃거나

우리나라에서는 화전을 금지하고 있지만 태국 등 여러 나라에서는 아직도 화전농법으로 농작물을 재배하고 있다.

멸종 위기에 처하게 되었다. 늑대를 비롯하여 여우, 반달가슴곰, 표범, 호랑이 등이 멸종 위기에 처하게 된 것은 경작지 확보를 위한 개간과 무관하지 않다. 현재 우리나라에서는 법적으로 화전을 금지하고 있다.

그렇다면 생물종들은 왜, 어떻게 멸종되거나 멸종 위기에 처하는 것일까? 생물종들이 멸종되는 데 인간은 어떤 영향을 미치고 있을까? 멸종을 막으려면 어떻게 해야 할까? 인류도 멸종의 대상이 될까?

차례

1부

멸종과
멸종 위기종이란?

1장

늑대가 있어야 하는 이유

미국 와이오밍주 옐로스톤 국립공원. 무분별한 사냥으로 사라진지 70년 만에 늑대가 돌아왔다. 늑대가 등장하면서 사슴을 잡아먹었고, 사슴의 수가 줄어들자 미루나무 숲이 되살아나기 시작했다. 늑대가 자리를 비운 70년 동안 옐로스톤 국립공원은 사슴의수가 늘어나면서 어린 미루나무가 자랄 수 없었다. 미루나무가 자랄 수 없게 되자 시냇가에서는 버섯, 새, 곤충, 물고기도 함께 자취를 감추었다. 먹이사슬의 균형이 깨지자 동물보호운동가들이 그지역에서 사냥으로 멸종되었던 늑대를 번식시켰고, 이로 인해 생태계가 복원된 것이다.

만약 늑대가 멸종한 이후 아무 조치가 없었다면 먹을 것이 사라진 사슴 또한 멸종했을 것이다. 이렇게 한 지역은 늑대를 비롯해동물, 식물, 햇빛 그리고 토양과 같은 자연이 서로 영향을 미치고있다. 늑대, 사슴, 미루나무 등 소비자와 생산자가 어우러져 생태계의 균형을 이루고 있지만 이 중 하나라도 멸종된다면 그 생태계는 유지할 수 없는 것이다.

멸종이란 생물의 한 종이 아주 없어지거나 없애버리는 것을 말한다. 중생대 백악기가 끝나는 6500만 년 전 공룡이 지구상에서 완전히 자취를 감춘 것이 바로 멸종이다. 멸종 위기종이란 멸종 위기에 처해 있거나 가까운 장래에 멸종 위기에 처할 우려가 있는 종을 뜻한다.

트라이아스기의 코엘로피시스, 쥐라기의 브라키오사우루스, 백악기의 티라노사우루스 등 중생대는 흔히 '공룡시대'라 부르는 것처럼 공룡이 번성했다. 하지만 백악기 말 공룡은 지구상에서 멸종되고 말았다. 공룡뿐만 아니라 익룡, 수장룡과 연체동물인 암모나이트 역시 멸종되어 지금은 볼 수 없다. 이렇게 종 자체가 지구상에서 아주 없어지는 것을 멸종이라고 한다. 그렇다면 멸종은 아주 오래 전의 일일 뿐일까?

백악기말 공룡은 지구상에서 영원히 없어져 멸종되고 말았다.

2장

생태계의 균형이 깨지면?

캐나다스라소니는 캐나다 전역에 서식하며 주로 눈덧신토끼를 잡아먹는다. 캐나다스라소니와 눈덧신토끼의 개체 수는 약 10년의 주기로 변하고 있음이 연구 결과 밝혀졌다. 포식자인 스라소니와 피식자인 토끼의 먹고 먹히는 과정을 통해 생태계의 평형이 어떻게 이루어지는지를 보여주는 사례다. 스라소니와 토끼의 개체 수의 변화를 보면 두 동물의 개체 수가 일정한 것이 아니라 급격히 증가하거나 감소하고 있음을 알 수 있다. 스라소니와 토끼의 개체 수 변화 그래프를 보자.

눈덧신토끼는
평소에는 갈색이지만
겨울에는 털갈이를 거쳐
귀 끝만 남기고
흰색이 된다.

캐나다스라소니와 눈덧신토끼의 개체수 연구결과 약 10년의 주기로 개체수가 증가와 감소를 반복하는 것으로 밝혀졌다.

눈덧신토끼와 캐나다스라소니의 개체 수 변화

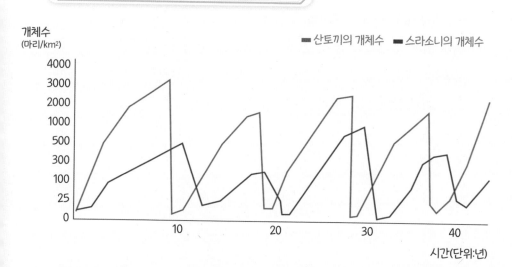

개체수
(마리/km²)

■ 산토끼의 개체수　■ 스라소니의 개체수

시간(단위:년)

토끼와 스라소니의 그래프는 비슷하게 생겼는데 자세히 보면 토끼의 개체 수 증가 이후 스라소니의 개체 수 증가가 뒤따르고 있다. 이 이야기는 토끼의 수가 증가할 때 스라소니의 수도 증가했다가 토끼가 급격하게 줄어들면 스라소니도 덩달아 줄어든다는 것이다. 즉, 토끼들이 많이 태어나면 스라소니도 먹이가 풍부해 새끼를 많이 낳아 개체 수가 늘어난다는 얘기이다. 그런데 둘 다 계속 해서 늘어나지는 않는다. 왜냐하면 토끼가 늘면 먹을 풀이 부족해져 굶어 죽거나 병들어 죽어 개체 수가 줄어든다. 토끼의 개체 수가 줄면 토끼를 먹고사는 스라소니의 개체 수도 줄어드는 것이다. 토끼가 줄면 초원에 다시 풀이 무성하게 자란다. 그러면 다시 토끼의 개체 수 늘고 그에 따라 스라소니의 개체 수가 늘어난다. 이것이 약 10년 주기로 반복되는 것이다.

만약 토끼 수가 늘어나면 풀을 모두 먹어치울 것이고 결국 토끼는 먹이 부족으로 살 수 없게 되고 토끼를 잡아먹는 스라소니도 수가 줄어들 것이다. 따라서 토끼의 개체 수가 급격히 줄어드는 시기가 있고 이에 따라 스라소니의 개체 수도 줄지만, 초원의 풀이 잘 자라 토끼와 스라소니의 개체 수가 다시 늘어나는 것을 반복하게 된다.

3장

도도와 스텔러바다소

도도는 비둘기목 도도과에 속하는 조류로 아프리카 동쪽 인도양의 마다가스카르공화국 모리셔스섬에서 살았다. 도도는 1681년에 마지막으로 목격된 이후 멸종되었다. 약 20kg에 육박할 정도로 몸집이 크지만 날지는 못하는 새인 도도의 생김새나 생태에 대해서는 17세기 그림이나 책을 통해서만 볼 수 있으므로 명확하게 알 수가 없다. 날개가 퇴화하여 날지 못하게 된 것도 모리셔스섬에 천적이 없었기 때문으로 추정될 뿐이다.

16세기 대항해 시대인 1507년에 포르투갈 사람들이 마다가스카르제도를 발견했으며 1598년 네덜란드의 항해사들이 처음으로 도도에 대해 묘사했다. 이후 도도는 인간과 인간이 데리고 온 가축에 의해 사냥당하기 시작했다. 도도는 처음 보는 인간과 가축으로부터 도망칠 수 없었다. 유럽 사람들에게 알려진 지 180년 만에 도도는 멸종되었고, 지금은 박제조차 남아 있지 않다. 도도는 스페인어로 '어리석다'라는 뜻이다. 날아서 도망치지 못하는 도도를

사람들에게 알려진 지 180년 만에 멸종된 모리셔스섬의 도도.

조롱하는 의미로 붙여진 이름이겠지만 정작 어리석은 것은 인간 일 것이다.

스텔러바다소는 사람들에게 알려진 지 단 27년 만에 멸종된 비운의 동물이다. 스텔러바다소는 바다소목 듀공과의 포유류로 북태평양 베링해 코만도르스키제도에 분포하고 있었다. 덴마크 출신 러시아의 탐험가 비투스 베링이 인솔한 탐험대가 1741년 캄차카반도 코만도르스키제도의 무인도(베링섬)에 좌초되었는데 이 사건으로 탐험가 베링을 포함해 많은 선원들이 죽었고, 살아남은 사람들은 보트를 만들어 다음해 8월 섬을 탈출하는 데 성공했다.

생존자 중 독일인이었던 게오르그 빌헬름 슈텔러는 이곳에서 발견한 거대한 바다소에 대해 알렸다. 슈텔러 일행은 이 바다소의 고기를 식량으로 이용했고 가죽은 장화와 벨트로 이용했으며 기름은 램프의 빛을 내는 데 이용하면서 섬에서 탈출할 수 있었다고 한다. 그래서 슈텔러의 이름을 따 명칭도 스텔러바다소가 되었다.

이 이야기가 모피 상인과 사냥꾼들에게 알려졌고 그때부터 남획이 시작되었다. 27년 후인 1768년을 마지막으로 스텔러바다소는 자취를 감추고 말았다. 스텔러바다소는 동작이 느리고 인간에게 경계심도 없었으며 특별한 무기도 없었다. 단지 동료가 죽임을 당할 때 도와주려고 몰려드는 습성이 있어 더 빨리 사냥당할 뿐이었다. 멸종은 공룡처럼 먼 지질시대의 이야기가 아니다. 지금도 우리와 함께 지구에 살았던 동물들이 사라지고 있는 것이다.

사람들에게 알려진 지 단 27년 만에 멸종된 스텔러바다소.

4장

호랑이와 뜸부기

우리나라에서는 1921년에 마지막까지 살아 있던 수컷이 사살 당하면서 호랑이가 자취를 감추었다. 우리나라에 살았던 호랑이는 한국호랑이, 백두산호랑이, 아무르호랑이 등으로 불렸으며 공식 이름은 시베리아호랑이다. 호랑이는 산 중의 왕이라 부르는 숲 생태계의 최상위 포식자로 사람들은 호랑이를 두려워했지만 늠름하고 때로 우스꽝스러운 모습으로 민화에 등장할 정도로 친숙한 동물이기도 하다.

1910년 일제 강점기가 되면서 일본인들이 우리 민족의 정기를 말살하고 호랑이 가죽도 얻으려는 목적으로 보이는 대로 호랑이를 사냥하기 시작했다. 이렇게 해서 한반도 남쪽에서는 시베리아호랑이가 멸종한 것으로 공식 보고되었다. 하지만 시베리아호랑이가 지구상에서 완전히 자취를 감춘 것은 아니다. 아직 중국과 러시아의 숲에서는 살아 있는 것으로 목격된다. 이런 종은 '멸종 위기종'이라고 한다. 멸종될 위기에 처해 있지만, 언젠가는 우리나라에서도 호랑이가 서식할 수 있는 환경이 만들어지면 멋진 그들을 볼 수 있을 것이다.

1970년대만 해도 농촌의 논에서는 뜸부기를 볼 수 있었다. 뜸부기는 여름 철새로 벼 포기를 묶어 둥지를 짓고 새끼를 키우고 10월에 동남아시아로 간다. 동요 〈오빠 생각〉으로 유명한 뜸부기는 사람 몸에 좋다는 잘못된 소문 때문에 무분별하게 남획되어 1990년대에는 거의 자취를 감추었고 멸종 위기 야생생물 II급에 지정된 천연기념물 제446호이기도 하다. 물론 남한에서 멸종된 것으로 보고 있는 시베리아호랑이는 멸종 위기 야생생물 I급으로 지정되어 있다.

멸종 위기에 처해 있는 시베리아호랑이. 시베리아호랑이의 운명은 인간에게 달려있다.

멸종 위기 야생생물이란?

멸종 위기 야생생물은 '자연적 또는 인위적 위협 요인으로 개체 수가 크게 줄고 있거나 현재의 위협 요인이 제거 또는 완화되지 아니할 경우 가까운 장래에 멸종 위기에 처할 우려가 있는 야생생물로서 환경부 장관이 정하는 종'을 말한다. 이 중 I급은 '자연적 또는 인위적 위협 요인으로 개체 수가 크게 줄어들어 멸종 위기에 처한 종'을 말하고, II급은 자연적 또는 인위적 위협 요인으로 개체 수가 크게 줄어들고 있어 현재의 위협 요인이 제거되거나 완화되지 않을 경우 가까운 장래에 멸종 위기에 처할 우려가 있는 종'을 말한다.

환경부에서는 야생생물들의 멸종 위기에 대한 경각심을 일깨우기 위해 2018년 멸종 위기 야생생물 포스터를 제작해 학교나 환경단체 대상으로 무료 배포한 바 있다. 또한 전국 각지의 국립 공원이나 DMZ에 멸종 위기 야생생물을 복원하기 위한 노력을 거듭하고 있다.

멸종 위기 야생생물 I급

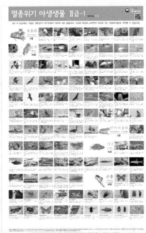
멸종 위기 야생생물 II급-1

멸종 위기 야생생물 II급-2

멸종 위기 야생동물 복원지

DMZ
설악산
북한산
오대산
치악산
월악산
속리산
소백산
계룡산
주왕산
덕유산
가야산
경주
변산반도
내장산
지리산
월출산
한려 해상
다도해 해상

울릉도

포유류
◯ 대륙사슴
● 반달가슴곰
◯ 사향노루
● 산양
◯ 수달
◯ 스라소니
◯ 여우
■ 표범
◯ 호랑이

조류
◆ 올빼미
◆ 크낙새
◆ 황새

양서파충류
■ 구렁이
■ 남생이

곤충류
◆ 꼬마잠자리
◆ 물장군
◆ 비단벌레
◆ 상제나비
◆ 소똥구리
◆ 애기뿔소똥구리
◆ 장수하늘소

▬ 국립 공원

이어도
종합해양과학기지
◉

한라산

© 환경부

0   50km

5장

지질시대를 구분하는 5대 멸종

멸종하면 떠오르는 동물은 역시 공룡이다. 중생대 지구를 지배했
던 공룡이 6500만 년 전에 사라졌다. 공룡은 중생대 육지에 살았
던 파충류였지만, 하늘을 날 수 있었던 익룡과 물속을 헤엄쳤던
무시무시한 수장룡도 사라졌다. 당시 함께 살았던 악어류는 용케

살아남아 지금도 존재하지만 공룡류는 멸종되어 화석을 통해 지구상에 존재했었다는 사실만 확인할 수 있는 것이다. 공룡의 멸종 원인으로는 운석충돌설, 소행성충돌설, 화산폭발설 등이 있지만 아직도 정확한 원인은 밝혀지지 않았다.

지질시대는 행성으로서 지구가 탄생한 이후 사람이 나타나기 1만 년 전까지의 기간을 말한다. 지질시대를 나누는 첫 번째 기준은 어떤 생물종이 멸종되거나 새로 나타날 때다. 이것은 발견되는 화석의 종류로 시대를 구분할 수 있다. 예를 들어 공룡은 중생대에만 살았기 때문에 공룡 화석으로 중생대를 구분할 수 있다. 지질시대를 구분하는 두 번째 기준은 대륙과 육지의 모습이 크게 달라질 때다. 앞 시대와 비교해 해수면이 갑자기 높아지거나 산맥이 생기는 등의 지각 변동으로 시대를 구분하는 것이다. 지질시대는 크게 선캄브리아대, 고생대, 중생대, 신생대로 구분한다. '대'라는 시대는 다시 '기'라고 하는 시기로 구분한다. 중생대를 트라이아스기, 쥐라기, 백악기로 나누는 식이다.

지구 역사상 크게 5번의 대멸종 사건이 있었다. 이를 흔히 '5대 멸종'이라고 부른다. 대멸종은 몇 가지 공통점이 있다. 첫째, 30% 이상의 동식물이 멸종되었다. 둘째, 특정 생물군이 아니라 여러 생물군이 멸종되었다. 셋째, 전 세계적으로 멸종이 일어났다. 넷째, 비교적 짧은 기간에 일어났다.

제1차 멸종은 4억 4500만 년 전에 일어났다. 고생대 오르도비스기 말로 이 멸종으로 오르도비스기가 끝나고 실루리아기가 시

고생대를 대표하는 동물인 삼엽충의 화석.

작되는 시대 구분이 되었다. 고생대 오르도비스기에는 삼엽충과 같은 바다 생물들이 번성했다. 필석류, 완족류, 두족류, 복족류 등이 널리 퍼졌고 원시 물고기 화석이 발견되기 때문에 최초의 척추 동물이 나타난 시기로 추측하고 있다. 그러나 1차 대멸종(일명 오르 도비스기-실루리아기 대멸종) 때 바다 생물의 50%가 멸종되었다.

제2차 대멸종은 3억 6000만 년 전 고생대 데본기 말에 일어났고 석탄기가 시작되는 구분이 되었다. 데본기는 원시 물고기인 갑주어와 폐어, 상어류가 크게 번성해서 '어류의 시대'라고 한다. 데본기의 대멸종으로 해양 무척추 동물이 커다란 타격을 받았고, 고생대의 대표 생물 중 하나인 삼엽충 70% 정도가 멸종되었다. 또한 두족류, 복족류, 완족류 등의 수가 줄어들고 갑주어가 멸종되었다. 데본기가 끝날 무렵 양서류가 나타나기 시작했고 이후 현대적인 동물상이 나타났다.

제3차 대멸종은 2억 5000만 년 전 고생대 페름기 말에 일어났다. '지구판 포맷' 또는 '대멸종의 어머니'라 불릴 정도로 역대 대멸종 중 규모가 가장 컸던 페름기 멸종은 고생대가 끝나고 중생대가 시작되는 기준이 되었다. 계산 결과가 여기저기 달라 정확한 것은 아니지만 대략 80~96%의 생물종이 멸종되었다. 고생대를 대표하는 삼엽충이 멸종되었고 육지의 식물, 양서류, 파충류 등 전 생물종에 걸쳐 광범위하게 멸종이 일어났다.

제4차 대멸종은 2억 500만 년 전 중생대 트라이아스기 말에 일어났다. 원시 어류로 추정되는 코노돈트가 멸종되었고, 중생대 초기에 번성했던 암모나이트와 연체동물들이 쇠퇴했고, 육상에서

갑주어는 고생대 데본기에 번성한 원시 물고기다. 사진은 갑주어의 화석.

공룡, 익룡, 악어를 제외한 지배 파충류가 멸종됨으로써 트라이아스기 후기에 등장하기 시작한 공룡들의 시대를 열게 되었으며 쥐라기가 태동하는 기준이 되었다.

제5차 대멸종은 6500만 년 전 중생대 백악기에 일어났다. 이때 공룡, 익룡 등 육상 생물종의 75%가 사라졌고, 어룡을 비롯한 해양 파충류와 암모나이트가 멸종되었으며 중생대가 끝나고 신생대가 시작되는 기준이 되었다. 해양 파충류가 거의 멸종됐지만 악어와 거북 등은 살아남아 지금도 존재하고 있다.

이와 같이 지구는 5대 멸종을 거치며 생물종이 사라지기도 하고 새로운 생물종이 번성하기를 반복했다. 멸종은 새로운 시대를 구분하는 기준이 되기도 하는 것이다.

중생대 백악기 말 제 5차 대멸종에도 살아남아 '살아 있는 화석'으로 부르는 악어.

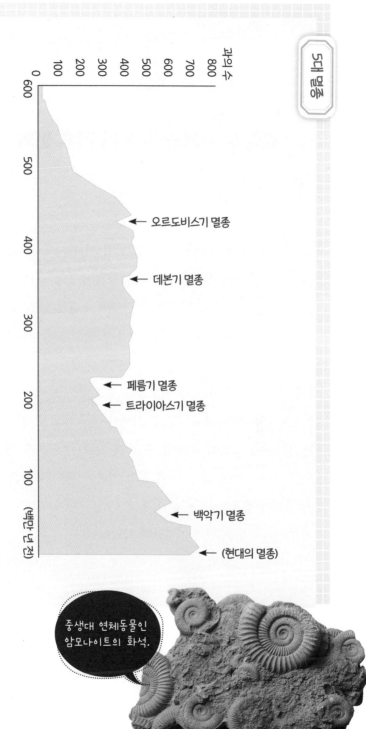

과의 수

800
700
600
500
400
300
200
100
0

600   500   400   300   200   100   (백만 년 전)

← 오르도비스기 멸종

← 데본기 멸종

← 페름기 멸종

← 트라이아스기 멸종

← 백악기 멸종

← (현대의 멸종)

중생대 연체동물인
암모나이트의 화석.

6장

멸종을 부르는 지구의 기후 변화

지구가 탄생하고 지금까지 약 46억 년이 지나는 동안 지구의 평균 온도는 끊임없이 변해왔고 현재는 15℃ 정도를 유지하고 있다. 지구의 온도를 측정하기 시작한 것은 그리 오래된 일은 아니다. 온도계가 발명된 건은 1643년이고 지금과 같은 눈금 체계로 온도를 잰 것은 1724년 파렌하이트(화씨온도계), 1742년 셀시우스(섭씨온도계)가 처음이다. 그러나 이런 온도계로 평균 온도를 측정하는 것은 쉬운 일이 아니었다. 왜냐하면 한 지역의 평균 온도를 얻으려면 동일한 온도계를 고르게 설치한 후 오랜 기간 측정한 자료를 통해 평균을 구해야 한다. 보통 30년 동안 기온과 강수량 등을 매일매일 측정하여 평균을 낸 것을 기후라고 한다. 현재의 기후의 기준은 1991년에서 2020년까지 자료의 평균값이다.

기상은 그날그날의 날씨를 말하지만 기후란 그런 날씨들에 대해 오랫동안의 평균을 말한다. 그런데 이 기후가 계속해서 기온이 올라가는 방향으로 변화하고 있다. 국제적으로 기후 변화의 위험을 다루는 최고 협의 기관은 IPCC(Intergovernmental Panel on Climate Change)로 '기후 변화에 관한 정부 간 협의체'라고 부른다. IPCC는 세계 기상 기구와 유엔 환경 계획이 공동으로 1988년에 설립한 조직으로 지구 온난화 문제의 대책을 검토하고 인간의 활동이 기후 변화에 어떤 영향을 끼치는지 평가한다. 설립 이후 현재까지 5차에 걸친 보고서에서 1750년대 이후 인간의 활동에 의해 전 지구에 온난화가 일어나고 있으며 가장 큰 원인은 '온실 효과'라고 주장했다. 온실 효과란 대기가 있는 행성의 표면에서 나오는 복사 에너지가 빠져나가기 전에 다시 흡수되어 기온이 올라가는 현상으로 대기가 마치 온실의 유리나 비닐과 같은 기능을 하기 때문에 '온실 효과'라고 한다. 그런데 이런 온실 효과는 인간의 활동이 늘어나면서 화석 연료가 더 많이 쓰이기 때문에 점점 가속화되고 있는 것이다. 화석 연료를 많이 쓰면 이산화 탄소가 많이 발생하는데 온실 효과를 일으키는 주범은 수증기나 이산화 탄소로 알려져 있다.

대기 오염으로 인해 지구온난화가 점점 심해지고 있다.

IPCC는 2100년경 지구 표면의 평균 기온이 지금보다 4℃ 정도 높아질 것으로 예측했다. 얼추 보기에 4℃ 정도의 차이는 큰 차이로 여겨지지 않는다. 우리나라의 일교차도 4℃ 전후이며 한겨울의 영하 20℃와 한 여름의 30℃의 차이만 해도 50℃인데 겨우 4℃라니! 하지만 이 4℃라는 것은 평균 온도이므로 사실상 어마어마한 온도 차이인 것이다. 20세기 평균 기온이 그 전보다 약 0.6℃ 높아졌다는 것만 보아도 4℃는 큰 수치라는 것을 알 수 있다.

　　0.6℃가 올라가면서 우리나라의 경우 겨울이 예전보다 덜 추워졌고 여름이 더 길고 더워졌지만 살아가는데 큰 지장이 있는 것은 아니다. 하지만 지구 전체로 보았을 때 지구 온난화로 고통을 받고 있는 곳이 생기게 되었다. 남태평양 투발루라는 나라는 평균 해발 고도가 1~2m 정도여서 지구 온난화로 해수면이 높아지면서 점점 바다에 잠기고 있어 1만 정도 되는 인구는 삶의 터전을 잃을 위기에 처해 있다. 지구 온난화로 빙하와 빙산이 녹아 해수면이 상승하면 투발루뿐만 아니라 미국의 뉴욕이나 일본의 도쿄처럼 바다와 닿아 있는 지역의 일부가 바다에 잠길 것으로 예측하고 있다. 전 세계 해안가에서 사는 인구가 전체의 30% 정도라고 하니 지구 온난화에 의한 해수면 상승은 인류의 삶과 수많은 동식물의 멸종과도 직결되어 있는 문제다.

　　지구 온난화의 또 다른 문제는 물부족이다. 기온이 올라가는 것과 물부족이 무슨 상관일까? 세계 인구의 6분의 1 이상이 히말라야와 안데스 등 고원지대에 산다. 고원지대 사람들은 만년설과

남태평양의 투발루는 해수면이 점점 높아져 가라앉을 처지에 처하게 되었다.

히말라야의 만년설이
녹아내리면 물부족에
시달릴 수 있다.

얼음에서 조금씩 녹아내리는 물을 이용하며 살고 있다. 비가 오지 않는 한 물을 얻을 수 없게 된다. 기온이 높아지면 물의 온도도 함께 올라간다. 그러면 물속에서 사는 플랑크톤이 증가하여 물이 더러워지고 증발이 잘 일어나 세계 곳곳에서 가뭄이 오게 된다.

IPCC의 보고서에 따르면 물부족이 심한 아프리카를 필두로 가뭄과 사막화가 이어지고 결국은 식량부족 현상이 일어날 것으로 예측했다. 지구 온난화로 해수면이 올라가고 전 세계적으로 물과 식량이 부족하고 사막화가 진행된다고 해도 인간이 멸종하지는 않을 것이다. 인간은 새로운 거주지를 찾고 대책을 세울 것이다. 하지만 인간 이외의 동물과 식물 등 다른 생명체들은 어떨까? 인간의 활동으로 지구 온난화가 진행되어 황폐해진 곳에 남아 있는 생물들은 어떻게 될까? 아마도 동식물들도 새로운 서식지와 먹이를 찾아 이동을 할 것이다. 북반구에서는 기온이 낮은 북쪽으로, 남반구에서는 남쪽으로 이동하거나 더 높은 산으로 올라가 새로운 서식지를 찾아야 한다. 인간이라면 이동 중에 커다란 강이나 높은 산을 만나면 건너가거나 넘어 가겠지만 동물의 경우는 다르다. 이미 지금도 고산지대에 사는 식물들은 더 이상 갈 곳이 없게 된다. 새로운 서식지를 찾지 못하면 동식물은 멸종하게 될 것이다.

철새들은 지구 온난화가 있기 오래전부터 계절에 따라 살기 좋은 곳과 번식하기 좋은 곳을 찾아 이동하며 살아왔다. 그런데 온도가 맞지 않으면 알을 낳고 새끼를 기를 수 없게 되어 새로운 곳을 찾아 떠나야 한다. 제때 새로운 서식지를 찾지 못하면 개체수가 줄어들고 환경이 나아지지 않으면 멸종 위기에 처하거나 멸종되고 말 것이다.

지구 온난화로 온도가 올라가면 육지의 동식물뿐만 아니라 바닷속 동식물도 위험에 처하게 된다. 물고기들도 철새처럼 바닷속에서 좋은 환경을 찾아 이동하며 산다. 바닷물의 온도가 달라지면 물고기들도 이동을 해서 자신들에게 맞는 환경을 찾아야 한다. 또 바다는 인간의 활동으로 발생하는 이산화 탄소를 흡수하기도 한다. 온실 기체인 이산화 탄소를 흡수해주면 좋은 일이지만 바닷속에서 이산화 탄소는 탄산염과 반응한다. 탄산염은 게, 새우, 굴 등이 껍데기를 만드는 데 필요한 물질이다. 이런 동물들이 몸에 필요한 물질이 부족해지면 생장과 번식에 문제를 불러일으키고 급기야 멸종에 이를 수도 있게 된다. 이런 생물종 몇 종만이 문제가 아니다. 촘촘하게 짜인 생태계에서 어느 한 종이 사라지면 균형 있게 쌓아 올린 벽에서 벽돌 하나하나가 빠지는 것과 같다. 결국 생물종 전체가 위험에 처하게 되는 것이다.

과학자들은 지구온난화로 2100년까지 평균 온도가 1℃ 정도 올라갈 것이고, 그렇게 되면 현재 생물종의 약 18%가 멸종할 것으로 예측하고 있다. 지구온난화가 더 심해져 2℃가 올라간다면 생물종 전체의 약 25%, 그 이상이 되면 33%가 멸종할 것이라고 경고하고 있다.

7장

인류의 멸종 역사

현재 우리와 같은 인류의 생물학적 분류는 '동물계-척삭동물문-포유강-영장목-사람과-사람속-사람'이다. 학명으로 표현하면 사람속은 호모(Homo)이고 사람은 사피엔스(sapiens)이므로 생물종으로서의 사람은 호모 사피엔스*Homo sapiens*가 된다. 호모는 라틴어로 '사람', '인간', '인류'의 뜻을 가지고 있고, 사피엔스는 '지혜로운', '지덕이 뛰어난'이라는 뜻으로 호모 사피엔스는 '지혜로운 사람'이라는 의미를 담아 칼 폰 린네*Carl von Linné*가 지은 학명이다. '슬기 사람'이라고도 한다. 우리와 같은 현생 인류의 학명은 호모 사피엔스 사피엔스*Homo sapiens sapiens*로 사피엔스가 하나 더 들어가 있다. 말하자면 '슬기 슬기 사람'이다. 이것은 사람의 아종명에 대한 학명이다.

아종이란 생물 분류 체계에서 종의 하위 단계로 같은 종 중에서 주로 지역적으로 일정한 차이를 가지는 집단이 인정될 때 아종을 붙일 수 있다. 아종을 가지고 있지 않은 종을 단형종이라고 하고 하나 이상의 아종을 가지고 있는 종을 다형종이라고 한다. 아종끼리는 교배가 될 수 있어 중간형이 나올 수 있으며 어떤 경우는 새로운 종으로 분화할 수 있다. 우리가 집에서 기르는 반려견은 생물분류학적으로 보면 늑대다. 늑대의 분류는 '동물계-척삭동물문-포유강-식육목-개과-개속-늑대'이며 학명은 캐니스 루푸스*Canis lupus*다. 이것은 야생에서 서식하는 늑대이고, 이 야생의 늑대를 길들인 것이 바로 우리가 기르는 개로 늑대의 아종이다. 학명은 캐니스 루푸스 파밀리아리스*Canis lupus familiaris*이다. 아종명 파밀리아리스(familiaris)는 '사육되는'이라는 뜻이다. 늑대의 아종에는 오스트레일리아의 야생 개 '딩고'가 포함되어 있다 학명은 캐니스 루푸스 딩고*Canis lupus dingo*다. 이렇게 아종은 종과 유전적으로 거의 차이가 나지 않는 종의 하위분류 개념인 것이다.

따라서 사람의 경우도 호모 사피엔스 사피엔스는 호모 사피엔스의 아종이다. 호모 사피엔스의 아종은 호모 사피엔스 이달투*Homo sapiens idaltu*와 호모 사피엔스 크로마뇽*Homo sapiens cro-magnons*, (일명 크로마뇽인)이 알려져 있지만 이들은 이미 멸종하고 화석으로만 남아 있다. 인류의 기원을 볼 때 호모 사피엔스는 계통분류학적으로 사람과(Hominidae)에서 여러 가지 속으로 분리된 것으로 본다. 사람과에는 사람속, 오로린속, 사헬란트로푸스속, 아르디피테쿠스속, 케난트로푸스속, 오스트랄로피테쿠스속, 파란트로푸스속 등이 있다. 우리가 흔히 알고 있는 오스트랄로피테쿠스는 우리 호모 사피엔스와 과만 같고 속이 다른 것이다. 이것은 같은 고양잇과지만 호랑이가 표범속에 속하고 치타가 치타속에 속하는 관계와 같다. 또한 사람속

중에서 최초로 도구를 사용한 것으로 알려진 호모 하빌리스*Homo habilis*는 호모 사피엔스와 속까지는 같지만 종이 다른 인류다. 이것은 호랑이와 사자가 모두 표범속에 속하지만 종이 다른 것과 같다. 호모 에렉투스*Homo erectus* 또한 호모 사피엔스와 속이 같지만 종이 다른 인류다. 자바원인, 베이징원인 등이 호모 에렉투스에 속하는 아종들이다. 네안데르탈인의 학명은 호모 네안데르탈렌시스

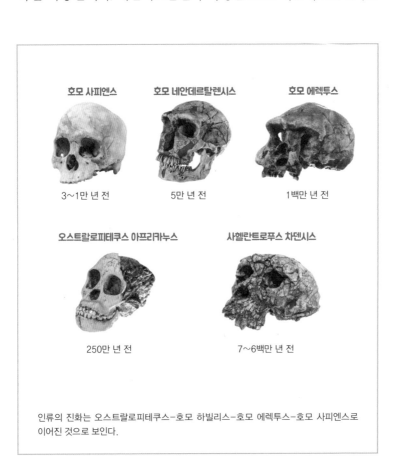

호모 사피엔스

3~1만 년 전

호모 네안데르탈렌시스

5만 년 전

호모 에렉투스

1백만 년 전

오스트랄로피테쿠스 아프리카누스

250만 년 전

사헬란트로푸스 차덴시스

7~6백만 년 전

인류의 진화는 오스트랄로피테쿠스-호모 하빌리스-호모 에렉투스-호모 사피엔스로 이어진 것으로 보인다.

*Homo neanderthalensis*로 역시 호모 사피엔스와 속이 같지만 종이 다른 인류다.

인류의 진화는 오스트랄로피테쿠스-호모 하빌리스-호모 에렉투스-호모 사피엔스로 이어진 것으로 보고 있고, 지금은 현생 인류인 호모 사피엔스 사피엔스만 남아 있고 다른 인류는 모두 멸종한 것이다. 그래서 우리 인류에게는 아종이 없는 것이다. 인류의 아종으로 분류되는 호모 사피엔스 이달투는 16만 년 전, 호모 사피엔스 크로마뇽은 4만~1만 년 전에 살았던 인류로 알려져 있다. 오스트랄로피테쿠스는 450만 년 전에 출현하여 250만 년 전까지 살았지만 이들보다 정교한 도구를 만들어 쓸 수 있었던 호모 하빌리스와의 경쟁에서 밀려나면서 서서히 멸종되고 말았다. 호모 하빌리스는 도구를 만들어 사용하기는 했지만 빙하기를 견디지 못하고 150만 년 전에 멸종되었다. 하지만 호모 에렉투스는 도구를 더욱 정교하게 만들 수 있었고 처음으로 불을 사용할 수 있었음으로 빙하기를 극복할 수 있었다. 호모 에렉투스는 호모 하빌리스와 호모 사피엔스 사이에서 어느 시기 정도 공존하였지만, 10만 년 전에 멸종되고 말았다. 호모 에렉투스의 멸종 원인은 아직 정확하게 밝혀지지 않았으며 지금도 연구가 진행 중이다. 호모 사피엔스 사피엔스가 출현할 수 있었던 것은 사람속에 속하는 인류의 교잡에 의한 것으로 보고 있으며, 여러 인류는 단절이 아니라 공존과 경쟁을 통해 진화해온 것으로 보인다.

1 공룡이 멸종하고도 6000만 년이나 지나서야 인류가 출현했습니다. 공룡이 번성했을 당시 오스트랄로피테쿠스와 같은 원시인이 살아간 다면 공룡과 원시인은 생태계에서 어떤 관계를 맺으며 살아갈지 생각해 봅시다.

....

....

2 모리셔스섬에 도착한 외부인들은 도도를 비롯해 날지 못하는 조류들을 닥치는 대로 사냥했고 이들과 같이 유입된 개와 쥐들까지도 조류를 덮쳐 멸종에 이르게 했습니다. 그들이 만약 이 조류들을 오늘날 닭이나 오리처럼 가금으로 사육했다면 어떤 일이 벌어졌을지 생각해 봅시다.

....

....

3 갯과에 속하는 늑대에는 우리가 집에서 기르는 푸들 같은 반려견과 오스트레일리아에서 서식하는 야생 개인 딩고와 같은 아종이 현재 동시대를 살아가고 있습니다. 현생 인류인 호모 사피엔스에도 호모 사피엔스 이달투, 호모 사피엔스 크로마뇽과 같은 아종이 있었는데 이들이 멸종되지 않고 살아 있다면, 이들 인류와 공존할 수 있는 방법은 무엇이 있을지 생각해 봅시다.

....

....

주머니늑대는 캥거루처럼 새끼를 기르는 육아주머니를 가지고 있는 늑대라는 뜻으로 지어진 육식 동물이다. 오스트레일리아 태즈메이니아섬에서 살아서 태즈메이니아주머니늑대 또는 줄무늬가 호랑이를 닮아서 태즈메이니아호랑이라고도 부른다. 태즈메이니아주머니늑대는 오스트레일리아 대륙과 뉴기니 섬 일대에 서식했지만 인류와 야생 개인 딩고가 들어오면서 서식처를 잃고 태즈메이니아 섬에서만 살게 되었다. 그러다가 또다시 유럽인들이 정착하면서 가축을 해친다는 오해를 받아 사냥 당하면서 1936년을 끝으로 멸종되고 말았다. 태즈메이니아주머니늑대는 소형 포유류를 주로 잡아먹고 살았다.

4 인류의 경우도 다른 종족이 들어와 문화의 차이에 의한 오해로 원주민을 몰아내거나 학살하는 경우가 있었습니다. 이러한 행위는 자연의 섭리인 약육강식의 원리로 바라볼 수 있을까요?

....

....

2부

우리나라의
멸종 위기
야생생물 현황

멸종 위기 야생생물 법적 지정 역사

우리나라는 2021년 기준 267종의 생물종이 멸종 위기에 처해 있는 것으로 알려져 있다. 그중 Ⅰ급은 60종이며 Ⅱ급은 207종이다. 멸종 위기에 처한 야생생물을 법적으로 지정하여 보호하기 시작한 것은 1989년이다. 이 당시는 '특정 야생동식물'이라는 명칭으로 불렸으며 파충류, 양서류, 곤충류와 식물을 포함해 총 92종이 지정되었다. 특정 야생동식물이 지정된 이유는 자연 생태계 유지와 종의 멸종을 방지하기 위한 것이다. 멸종 위기라는 개념이 도입된 최초의 법정 보호였다. 1993년에 지정 종수가 179종으로 증가했고, 1996년에는 어류가 특정 야생동식물에 추가되어 203종이 되었다. 동시에 특정 야생동식물의 정의를 '멸종 위기에 처할 우려가 있거나 학술적으로 보호해야 할 가치가 있는 야생동식물'로 새롭게 규정했다.

멸종 위기종에 관한 법적 지위가 환경보전법에서 자연환경보전법으로 변경되면서 특정 야생동식물도 '멸종 위기 야생동식물 및 보호 야생동식물'로 명칭이 바뀌었다. 멸종 위기 야생동식물의 정의 또한 '자연적 또는 인위적 위협 요인으로 인한 주된 서식지, 도래지의 감소 및 서식 환경의 악화 등에 따라 개체수가 현저하게 감소되고 있어 멸종 위기에 처할 우려가 있는 종'으로 더 자세하게 규정하고 1998년 총 194종을 지정하였다.

2002년에는 야생동식물보호법 제정과 함께 관리 체계도 바뀌어 멸종 위기 야생동식물 Ⅰ급과 Ⅱ급으로 나누게 되었으며, Ⅰ급 50종과 Ⅱ급 171종의 총 221종이 2005년에 지정되었다. 2011년 '야생생물 보호 및 관리에 관한 법률'(줄여서 야생생물법)이 개정되어 법적 체계가 재정비되었다. 2012년 1차 개정을 통해 총 246종이 지

2021년 현재 267종의 동식물이 멸종 위기종에 지정되어 있다. 사진은 산양으로 멸종 위기 야생생물 Ⅰ급이다.

정되어 관리의 대상이 되었다. '멸종 위기 야생동식물'이라는 명칭도 '멸종 위기 야생생물'로 변경되었고, 이와 별도로 향후에 지정 여부를 정하기 위한 보호 관찰 대상으로 관찰종 15종이 선정됐다. 분류군도 포유류, 조류, 양서·파충류, 어류, 곤충류, 무척추동물, 식물, 해조류, 균류 등 9개로 나누어졌고, 2017년에는 2차 개정을 통해 267종(1급 60종, II급 207종), 관찰종 34종이 지정되었다.

멸종 위기 야생생물을 지정하는 것은 멸종을 방지하고 보호하기 위함이다. 특정 종이 멸종 위기에 처하면 그 종과 관련된 먹이 사슬에 영향을 미치고 결국 생태계의 균형이 깨지게 된다. 따라서 멸종 위기 야생생물 지정 현황은 생태계의 건강한 정도를 알 수 있는 척도의 하나로 인식할 수 있다. 같은 의미로 멸종 위기 야생생물 제도의 궁극적인 목표는 지정이 아니라 해제에 있다. 멸종을 예방하고 개체 수가 줄지 않도록 증식하거나 복원함으로써 생물 다양성을 보전해 건강한 생태계를 유지하려는 것이다.

또한 멸종 위기 야생생물을 지정하고 보호하는 것은 그 종의 살아 있는 개체만 대상으로 삼지 않는다. 지정된 야생생물을 가공, 유통, 보관, 수출, 수입, 반출 및 반입하는 경우에는 죽은 상태도 포함된다. 포유류, 조류, 양서·파충류, 어류, 곤충류, 무척추동물은 살아 있는 생명체와 그 알 및 표본을, 육상식물은 살아 있는 생명체와 그 부속체(종자, 구근, 인경, 주아, 덩이줄기, 뿌리) 및 표본을 포함한다. 해조류, 균류 및 지의류 역시 살아 있는 생명체와 그 포자 및 표본이 해당된다.

연도별 우리나라 멸종 위기 야생생물지정종수의 변화

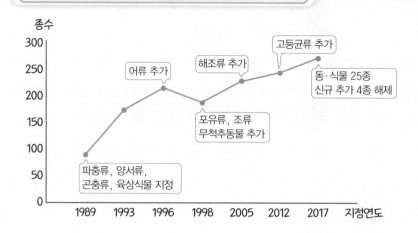

종수

고등균류 추가

어류 추가

해조류 추가

동·식물 25종
신규 추가 4종 해제

포유류, 조류
무척추동물 추가

파충류, 양서류,
곤충류, 육상식물 지정

1989 1993 1996 1998 2005 2012 2017 지정연도

분류별 멸종 위기 야생생물 현황

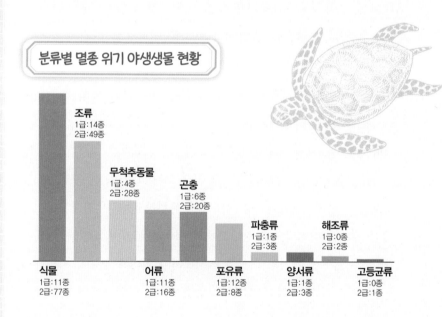

조류
1급:14종
2급:49종

무척추동물
1급:4종
2급:28종

곤충
1급:6종
2급:20종

파충류
1급:1종
2급:3종

해조류
1급:0종
2급:2종

식물
1급:11종
2급:77종

어류
1급:11종
2급:16종

포유류
1급:12종
2급:8종

양서류
1급:1종
2급:3종

고등균류
1급:0종
2급:1종

멸종 위기 야생생물 – 동물 I급

멸종 위기 야생생물 중 동물은 포유류, 조류, 양서·파충류, 어류, 곤충류, 무척추동물로 구분된다. 2021년 기준 I급에는 49종이 지정되어 있다. 포유류는 호랑이와 늑대를 비롯하여 12종, 조류는 황새와 크낙새를 비롯하여 14종, 양서·파충류는 수원청개구리와 비바리뱀, 어류는 미호종개와 감돌고기를 비롯하여 11종, 곤충류는 장수하늘소와 비단벌레를 비롯하여 6종, 무척추동물은 나팔고둥과 두드럭조개를 비롯하여 4종이 지정되어 있다.

우리나라에서 멸종되었다고 공식 보고된 호랑이는 시베리아호랑이로 남한에서 1921년 경주 대덕산, 북한은 1987년 자강도에서 잡힌 개체를 마지막으로 한반도에서 자취를 감추게 되었다. 현재 중국 쪽 백두산 지역과 러시아의 시베리아 일대에 소수가 서식하는 것으로 알려져 있다. 시베리아호랑이는 고양잇과에서도 가장 큰 대형 육식동물로 몸길이 최대 4.2m, 어깨 높이는 최대 1.3m에 이른다. 몸무게 또한 최대 360kg 정도 된다. 담황색 또는 적황갈색

멸종 위기 야생생물 - 동물 I급

분류	종명
포유류 (12종)	늑대, 대륙사슴, 반달가슴곰, 붉은박쥐, 사향노루, 산양, 수달, 스라소니, 여우, 작은관코박쥐, 표범, 호랑이
조류 (14종)	검독수리, 넓적부리도요, 노랑부리백로, 두루미, 매, 먹황새, 저어새, 참수리, 청다리도요사촌, 크낙새, 호사비오리, 혹고니, 황새, 흰꼬리수리
양서 · 파충류 (2종)	비바리뱀, 수원청개구리
어류 (11종)	감돌고기, 꼬치동자개, 남방동사리, 모래주사, 미호종개, 얼룩새코미꾸리, 여울마자, 임실납자루, 좀수수치, 퉁사리, 흰수마자
곤충류 (6종)	붉은점모시나비, 비단벌레, 산굴뚝나비, 상제나비, 수염풍뎅이, 장수하늘소
무척추동물 (4종)	귀이빨대칭이, 나팔고둥, 남방방게, 두드럭조개

바탕에 검은색 또는 흑갈색 줄무늬가 특징적이며 배 부분은 흰색이다. 호랑이는 호피라고 해서 가죽의 효용 가치가 뛰어나 인간의 사냥감이 되어 개체 수가 줄어든 원인이 되기도 했다. 호랑이는 사슴, 멧돼지 등 중·대형 포유류를 잡아먹는 숲 생태계의 최상위 포식자다.

우리나라에서 멸종된 것으로 보고된 늑대는 한국늑대로 학명이 캐니스 루푸스 코레아누스Canis lupus coreanus이다. 학명에 우리나라를 표시하는 Coreanus가 당당히 들어가 있다. 그러나 학계에서는 아직까지도 이 한국늑대가 몽고늑대Canis lupus chanco의 이종이라는 논란이 있다. 아무튼 한국늑대는 야생 상태에서는 1980년 경북 문경에서 마지막 발견된 이후 목격 기록이 없으며 1996년 서울대공원에 있는 마지막 개체가 죽으면서 멸종된 것으로 보고되었다. 하지만 2008년 러시아에서 한국늑대와 종이 같은 늑대 7마리를 대전동물원에서 들여와 번식 중이다. 2020년 4월 코로나바이러스 감염증-19로 문을 닫은 사이 새끼 6마리가 태어나 화제가 되기도 했다.

황새는 키가 100~115cm 되는 큰 새로 '한새'라고도 불렸다. 날개의 끝부분이 검은색인 것을 제외하면 전체적으로 흰색이며 다리는 붉은색이다. 1970년대 이전 우리나라 전역에서 볼 수 있었던 황새는 텃새였고, 일부는 겨울철새이기도 했다. 1971년 남한의 마지막 번식지였던 충북 음성에서 한 쌍이 번식하고 있었지만 수컷이 밀렵으로 죽었다. 짝 잃은 황새는 1983년 농약에 중독되어 치

시베리아호랑이는 1921년 이후
남한에서는 자취를 감췄다.

한국늑대는 1980년 이후
야생에서는 볼 수 없게 되었지만
복원 시도가 꾸준히 진행되고 있다.

1994년을 끝으로 황새는 사라졌지만
복원 시도가 진행되고 있다.
사진은 충청남도 예산시 황새공원에서
자연 부화하여 새끼를 기르는 모습이다.

료를 받았으며 서울대공원에서 살다가 1994년에 죽으면서 텃새 황새는 멸종되었다. 북한에서는 1980년대 이후 번식 기록이 없어 한반도서 텃새로 살았던 황새는 멸종된 것으로 보고 있다. 황새와 다르게 몸이 전체적으로 검은색이며 배 부분이 희고 부리와 다리 가 붉은 먹황새도 멸종 위기 야생생물 1급으로 지정되어 있다

크낙새는 기후가 따뜻한 곳에서 서식하는 남방계 조류로 우리 나라에 서식했던 크낙새는 한반도 고유의 아종이며 가장 북쪽에 사는 종류로 생태학적 가치가 크다. 남한에서는 경기도 포천의 광 릉 지역이 번식지였으나 1990년대 이후 관찰 기록이 없어 멸종한 것으로 보고 있다. 몸길이 가 약 46cm로 우리나라에 서 관찰되는 딱따구리 종류 중에서 가장 크며 배, 허리, 날개의 아랫면이 흰색이지 만 몸 전체가 검은색을 하 고 있다. 수컷은 이마와 머 리 부분이 붉은색이고 얼굴 에 붉은 뺨선이 있어 암컷 과 쉽게 구별된다.

딱따구리과 조류 중 가장 큰 크낙새는 장수하늘소와 함께 멸종 위기 야생생물 1급에 지정되어 있다.

수원청개구리는 우리 나라에서만 살고 있는 고 유종으로 보통 청개구리보

다 울음소리가 더 낮고 날카롭다. 청개구리가 논 밖으로 나와 사는 것과 달리 수원청개구리는 생애의 대부분을 논 안에서 지낸다. 1980년 수원에서 처음 발견되어 이름이 붙여졌지만 경기도와 충청도 지역에서 발견된다. 예전에 우리나라에는 청개구릿과에 청개구리*Hyla japonica* 1종만 서식하는 것으로 열려져 있었으나 수원청개구리*Hyla suweonensis*가 청개구리와 다른 종이라는 것이 밝혀졌다. 학명에 '수원엔시스'라고 해서 수원이라는 이름이 들어가 있는 것을 볼 수 있다.

© 국립생물자원관

수원청개구리는 우리나라에서만 살고 있는 고유종으로 우리나라에서 멸종되면 전 세계에서 멸종되는 것이다.

비바리뱀은 1981년 제주도 서귀포에서 처음 발견되었고, 겉모습이 연약하고 곱게 보여서 제주도 방언으로 처녀를 뜻하는 '비바리'라는 이름이 붙여졌다. 비바리뱀은 머리 부분만 흑갈색이고 배 부분은 담황색 또는 황백색이고 양쪽 가장자리는 적갈색이다. 몸길이 약 60cm이며 중국 남부, 베트남, 인도 등지에 서식하며 우리나라에서는 제주도에서만 볼 수 있다. 제주도가 비바리뱀의 북방한계선이다. 제주도 이북에는 살지 않아 생물지리학적, 분류학적으로 가치가 큰 종이다. 주로 도마뱀과 같은 작은 파충류를 잡아먹고 때로는 다른 뱀의 새끼도 잡아먹는다. 비바리뱀은 독이 없는 것으로 알려져 있다.

우리나라에서 제주도에서만 살고 있는 비바리뱀은 제주도가 북방 한계선으로 한반도의 육지에서는 볼 수 없다.

미호종개는 금강의 지류인 미호천에서 처음 발견되어 '미호'라는 이름이 붙었다. © 국립생물자원관

    미호종개는 우리나라 특산종으로 1984년 금강의 지류인 미호
천에서 처음 발견되어 이름에 '미호'가 들어가 있다. 종개라는 이
름은 잉어목 종갯과와 잉어목 미꾸릿과에 속하는 민물고기 몇 종
에 붙여져 있다. 종갯과에는 종개, 대륙종개가 있고, 미꾸릿과 참
종개속에 참종개, 미호종개, 부안종개, 왕종개, 남방종개, 동방종개
가 있고, 기름종개속에 기름종개, 점줄종개, 줄종개, 북방종개 등
이 있다. 이렇게 종개라는 이름이 붙어 있는 것이 많지만 참종개
속의 6종은 모두 우리나라에만 서식하는 것으로 알려져 있다. 특
히 미호종개_Iksookimia choii(KIM and SON)_ 에는 익수키미아(Iksookimia)라는 우
리나라의 어류학자인 전북대학교 김익수 교수의 이름이 속명에

들어가 있다. 1984년 김익수 교수와 서원대학교 손영목 교수가 미호종개를 처음 채집하고 신종임을 확인했고, 이들의 지도교수인 서울대학교 최기철 교수를 기념하기 위해 종명에 choii를 넣었다. 그런데 루마니아의 어류학자가 이 종의 '속' 자체가 다른 것임을 밝혀내면서 학명이 '익수키미아 초이'로 최종 명명되었다. 여기서 익수키미아는 참종개속을 의미하며 우리나라에 서식하는 6종 모두 익수키미아가 붙어 있다. 미호종개를 비롯한 참종개속 물고기들은 우리나라 특산종이므로 우리나라에서 사라지면 전 세계에서 멸종되는 것과 같다.

감돌고기는 잉엇과에 속하는 우리나라 고유종으로 금강, 만경강 웅천천에서만 볼 수 있다. 감돌고기는 어류계의 뻐꾸기라고 불린다. 뻐꾸기는 자신의 둥지를 만들어 알을 낳고 새끼를 키우지 않고, 다른 새의 둥지에 몰래 알을 낳는다. 뻐꾸기 알이 깨어나면 그 둥지의 주인은 자신보다도 더 큰 남의 새끼를 키우는 것이다. 이것을 '탁란'이라고 하는데 감돌고기도 육식 어종인 꺽지의 둥지에 알을 낳는 독특한 습성을 가지고 있다. 위험을 무릅쓰고 탁란을 하는 이유는 그것이 알이 새끼로 부화할 가능성이 더 크기 때문이다. 돌고기라는 이름이 붙어 있는 것은 감돌고기 외에 돌고기, 가는돌고기가 있다. 돌고기는 '돗고기'가 변한 말인데 돗은 돼지를 뜻하는 옛말이므로 '돼지를 닮은 물고기'라는 뜻이다. 돌고기 종류는 주둥이가 뭉툭하게 튀어나와 돼지의 주둥이를 닮았다. 감돌고기는 검다라는 뜻의 '감'이 붙어 있는데 감돌고기는 짝짓기

감돌고기는 '돼지 주둥이를 닮은 물고기'라는 뜻으로 붙여진 이름이다.

때나 흥분했을 때 온몸이 검게 변한다. 감돌고기는 돌고기나 가는
돌고기와 달리 가슴지느러미를 제외한 모든 지느러미에 검은 띠
가 2개씩 있어 쉽게 구별할 수 있다.

장수하늘소는 이름에 '장수'가 붙은 것처럼 하늘소 종류 중에
서 가장 크다. 우리나라, 중국, 러시아 등 동아시아에 분포하지만
1980년 이후 거의 발견되고 있지 않다. 지금은 경기도 포천의 국
립수목원 주변에서 발견되고 있으며 가장 최근에는 2020년 8월
24일과 26일 수컷 성충 3개체가 발견되었다. 2014년부터 7년 연속
으로 광릉숲에서 발견됨으로써 적은 수의 개체지만 서식하고 있
는 것으로 판단된다. 2014년부터 지금까지 17개체가 발견되었다.

장수하늘소는 1980년 이후
자취를 감췄지만 발견 소식이
꾸준히 전해지고 있다.

몸길이는 수컷이 6.6~11.0cm, 암컷이 6.0~9.0cm로 앞가슴등판 좌우에 잔털로 된 두 쌍의 누런 점무늬가 특징이다. 2020년 9월에는 장수하늘소 1마리가 오대산 국립공원에서 5년 만에 자연 부화하는 데 성공했다고 국립생물자원관이 발표했다. 이것은 멸종 위기 야생생물을 자연에서 복원시킨 첫 사례로 평가받고 있다. 국립생물자원관은 2013년 오대산국립공원에 장수하늘소 야외 적응 실험장을 설치하고 연구를 시작했고 이번에 부화한 장수하늘소는 북한에서 확보한 개체의 자손이다. 2015년 10월 애벌레 70마리를 시험장의 고목에 이입했던 것이 부화에 성공한 것이다.

비단벌레는 화려한 색깔의 비단처럼 날개가 초록색 또는 금록색 광택이 나기 때문에 고대부터 장식용으로 많이 쓰였다. 신라시대 고분인 황남대총, 금관총에서 비단벌레의 날개로 장식한 말안장 가리개와 발걸이 등이 출토되었다. 고구려시대 진파리 고분에서도 날개로 장식된 유물이 출토되었고, 중국은 물론 일본에서도 비단벌레 날개 장식물 유물이 남아 있을 정도로 역사적, 문화적 가치가 뛰어난 곤충으로 평가된다. 그러나 이렇게 아름다운 곤충은 이제 변산반도 내소사 부근, 전라남북도 일부 지역, 경남 밀양 등지에서 드물게 발견될 정도로 매우 희귀하다. 앞가슴등판과 딱지날개에 한 쌍의 붉은색 세로줄무늬가 굵게 나 있고 전체적으로 금빛이 도는 초록색을 하고 있어 쉽게 구분된다. 비단벌레는 중국, 일본, 베트남 등 동아시아와 동남아시아에 널리 분포하고 있는 비단벌레와 같은 종으로 알려져 있었다. 학명도 *Chrysochroa fulgidissima*였다. 그런데 2012년 우리나라의 한태만 박사 등 연구진들이 미토콘드리아 유전자를 비교 분석한 결과 우리나라에 서식하는 비단벌레는 새로운 종으로 밝혀져 *Chrysochroa coreana*라는 새로운 학명을 갖게

비단벌레 ⓒ 국립생물자원관

되었다. 따라서 비단벌레는 우리나라에서만 서식하는 고유종이
된 것이다.

귀이빨대칭이는 우리나라의 민물조개 중 가장 크고 충청도, 전
라도, 경상도 지역의 큰 하천이나 농수로에 살며 유기물을 걸러 먹
는다. 다 자랐을 때는 지름 30cm, 높이 18cm, 폭 9.5cm 크기로
무척 크고, 껍데기는 얇지만 단단하다. '귀이빨대칭이'라는 말은
생물학자인 강원대학교 권오길 교수가 붙인 이름이다. 석패과에
속하는 민물조개인 대칭이를 닮았지만 '귀'와 껍데기 안쪽에 '이
빨' 모양의 돌기가 있어 붙이게 되었다고 한다. 조개류의 껍데기에
서 가장 볼록한 부분을 각정이라고 하는데 석패과에 속하는 조개
들은 각정 주위에 앞뒤로 얇은 판 모양의 돌기가 발달하며 이것을

귀이빨대칭이는 우리나라 민물조개 중 가장 크며 '귀'와 '이빨' 모양을 한 대칭이라는 뜻으로 붙여
진 이름이다.

'귀'라고 한다. 대칭이와 펄조개도 귀가 발달해 있다. 귀는 나이를 먹으면서 닳아서 작아지기도 하는데 귀가 많이 닳은 귀이빨대칭이는 외견상 대칭이나 펄조개와 구별하기 쉽지 않다. 하지만 귀이빨대칭이는 껍데기 안쪽이 있는 이빨 모양의 돌기가 있어 구별할 수 있다.

두드럭조개는 우리나라 고유종으로 한강과 금강에서만 살고 있다. 과거 한강에서 흔히 채취할 수 있었지만 지금은 한강에서는 거의 자취를 감추었고 금강의 일부 지역에서 발견되고 있는 실정이다. 껍데기가 오돌토돌한 돌기가 많아서 두드럭조개라는 이름이 붙여졌다. 또 껍데기가 두껍고 단단해서 단추를 만드는 데 이용하기도 했고 껍데기를 조각내어 진주조개의 핵으로도 많이 이용했다. 길이 4~7cm, 높이 4~6cm로 크고 둥글다. 껍데기의 겉면은 황갈색을 띠고, 곳체두드럭조개와 비슷하지만 곳체두드럭조개는 두드럭조개에 비해 길쭉하며 중국과 베트남에도 서식하고 있다. 두드럭조개나 귀이빨대칭이와 같은 석패과 조개류들의 특징은 암컷의 육아낭 속에서 부화한 유생이 물고기의 몸에 붙어 기생하다가 어느 정도 자란 다음 숙주인 물고기에서 독립해서 산다는 것이다. 이런 유생을 '클로키디움'이라고 하는데 캐스터네츠처럼 껍데기 2장을 가지고 있고 작은 갈고리가 있어 물고기의 몸에 잘 붙을 수 있다. 특히 물고기의 지느러미나 아가미에 붙어 영양분을 빨아먹으며 자란다. 이런 유생 단계를 거치는 조개는 석패과에 속하는 말조개, 대칭이, 펄조개도 마찬가지다.

멸종 위기 야생생물 – 동물 II급

멸종 위기 야생동물 II급에는 모두 127종이 지정되어 있다. 포유류는 담비, 하늘다람쥐를 비롯하여 8종, 조류는 따오기, 노랑부리저어새를 비롯하여 49종, 양서·파충류는 맹꽁이, 남생이를 비롯하여 6종, 어류는 가시고기, 칠성장어를 비롯하여 16종, 곤충류는 꼬마잠자리, 소똥구리를 비롯하여 20종, 무척추 동물은 물거미, 흰발농게를 비롯하여 28종이다.

삵을 비롯한 127종이 멸종 위기 야생생물 II급에 지정되어 있다.

멸종 위기 야생생물 – 동물 II급

분류	종명
포유류 (8종)	담비, 무산쇠족제비, 물개, 물범, 삵, 큰바다사자, 토끼박쥐, 하늘다람쥐
조류 (49종)	개리, 검은머리갈매기, 검은머리물떼새, 검은머리촉새, 검은목두루미, 고니, 고대갈매기, 긴꼬리딱새, 긴점박이올빼미, 까막딱따구리, 노랑부리저어새, 느시, 독수리, 따오기, 뜸부기, 무당새, 물수리, 벌매, 붉은배새매, 붉은어깨도요, 붉은해오라기, 뿔쇠오리, 뿔종다리, 새매, 새호리기, 섬개개비, 솔개, 쇠검은머리쑥새, 수리부엉이, 알락개구리매, 알락꼬리마도요, 양비둘기, 올빼미, 재두루미, 잿빛개구리매, 조롱이, 참매, 큰고니, 큰기러기, 큰덤불해오라기, 큰말똥가리, 팔색조, 항라머리검독수리, 흑기러기, 흑두루미, 흑비둘기, 흰목물떼새, 흰이마기러기, 흰죽지수리
양서 · 파충류 (6종)	고리도롱뇽, 구렁이, 금개구리, 남생이, 맹꽁이, 표범장지뱀
어류 (16종)	가는돌고기, 가시고기, 꺽저기, 꾸구리, 다묵장어, 돌상어, 묵납자루, 백조어, 버들가지, 부안종개, 연준모치, 열목어, 칠성장어, 큰줄납자루, 한강납줄개, 한둑중개
곤충류 (20종)	깊은산부전나비, 꼬마잠자리, 노란잔산잠자리, 닻무늬길앞잡이, 대모잠자리, 두점박이사슴벌레, 똥보주름메뚜기, 멋조롱박딱정벌레, 물방개, 물장군, 소똥구리, 쌍꼬리부전나비, 애기뿔소똥구리, 여름어리표범나비, 왕은점표범나비, 은줄팔랑나비, 참호박뒤영벌, 창언조롱박딱정벌레, 큰자색호랑꽃무지, 큰홍띠점박이푸른부전나비
무척추동물 (28종)	갯게, 거제외줄달팽이, 검붉은수지맨드라미, 금빛나팔돌산호, 기수갈고둥, 깃산호, 대추귀고둥, 둔한진총산호, 망상맵시산호, 물거미, 밤수지맨드라미, 별혹산호, 붉은발말똥게, 선침거미불가사리, 연수지맨드라미, 염주알다슬기, 울릉도달팽이, 유착나무돌산호, 의염통성게, 자색수지맨드라미, 잔가지나무돌산호, 착생깃산호, 참달팽이, 측맵시산호, 칼세오리옆새우, 해송, 흰발농게, 흰수지맨드라미
해조류 (2종)	그물공말, 삼나무말
고등균류 (1종)	화경버섯

담비는 족제비보다 크고 다리는 짧다. 족제빗과 담비속에는 7~8종이 있는데 우리나라의 북부에는 주로 대륙목도리담비, 중부 이남에는 노랑목도리담비가 서식하고 있다. 둘 다 개체들 간의 털 색깔의 변이가 다양하지만 대부분은 황갈색 또는 흑갈색을 띤다. 다리와 꼬리는 검은색, 턱과 가슴은 노란색인 경우가 많다. 호랑이, 늑대 등이 없는 우리나라 숲의 생태계에서 멧토끼, 고라니, 소형 설치류, 조류 등을 잡아먹는 최상위 포식자로 알려져 있다. 태백산맥과 소백산맥 등 주요 산맥의 국립공원 등지에 서식하고 있다.

하늘다람쥐는 다람쥣과에 속하며 앞다리와 뒷다리 사이에 날개막이 있어 나무 사이를 활강하여 이동할 수 있다. 날개막은 글

하늘다람쥐는 우리나라 고유종으로 천연기념물 제328호이며 멸종 위기 야생생물 II급으로 지정되어 있다.

라이더처럼 이용해 활강을 하는 것이어서 높은 곳에서 낮은 곳으로 이동한다. 침엽수와 활엽수가 섞여 오래되고 건강한 숲에서 살며 유라시아의 한대와 아한대에 주로 분포하는데 우리나라가 남방한계선이므로 생태학적 가치가 크다. 즉, 우리나라보다 더 이남 지역에서는 살지 않는다는 것이다. 하늘다람쥐 종류는 우리나라에 하늘다람쥐밖에 없다.

따오기Nipponica nippon는 저어샛과의 대형 조류로 1800년대 동아시아의 높은 습지에 널리 분포했다. 하지만 1945년 즈음부터 급속히 개체수가 줄어 우리나라는 물론 중국과 일본에서도 멸종된 것으로 보고 있다. 몸길이 75cm 정도이며 눈 주변의 피부는 붉고 몸 전체는 흰색이다. 겨울철새로 1945년 이전에는 11월에서 3월 사이에 전국에서 볼 수 있었다. 그런데 1974년 12월 마지막 1마리가 관찰된 이후 더 이상 볼 수 없게 되었다. 지금은 우리나라, 중국, 일본 모두 따오기 복원 연구에 열중하고 있다. 따오기는 학명과 영명(Japanese crested ibis)에 일본이 들어가 있다. 이것은 따오기가 학계가 처음 알려진 것이 일본산이었기 때문이다.

노랑부리저어새는 저어샛과에 속하며 이름처럼 널찍한 주걱 모양의 부리로 물속을 저어 물고기와 게를 잡아먹는다. 저어새와 비슷하지만 노랑부리저어새는 부리의 끝이 노랗다. 이것이 노랑부리저어새와 저어새를 구분하는 특징이며 노랑부리저어새는 부리와 이어진 눈 주변이 저어새처럼 검은색이 아니라 흰색이다. 노랑부리저어새는 겨울철새로 우리나라에는 매년 200여 마리가 10월

따오기는 겨울철새로 1945년 이전까지는 흔히 볼 수 있었지만 1974년 이후에는 볼 수 없게 되었다.

부리 끝이 검은 저어새(오른쪽)는 천연기념물 제 205-1호이며 멸종 위기 야생생물 Ⅰ급이고, 부리 끝에 노란 노랑부리저어새(아래)는 멸종 위기 Ⅱ급에 지정되어 있다.

에 와서 3월까지 겨울을 난다. 노랑부리저어새는 우리나라의 내륙 습지에서 활동하는 겨울철새지만 저어새는 해안 습지에서 생활하는 여름철새로 시기와 장소에서 다르다.

맹꽁이는 무미목(또는 개구리목) 맹꽁잇과에 속하는 개구리류다. 우리나라에서 볼 수 있는 개구리류는 개구리, 청개구리, 두꺼비, 맹꽁이가 있다. 맹꽁이는 뒷다리 바깥쪽에 쟁기 날 모양의 돌기가 있어 땅을 잘 파고 숨기 때문에 '쟁기발개구리'라고도 한다. 밤에는 주로 땅속에 숨어 있다가 밤에 나와 먹이 활동을 한다. 몸 전체가 둥글둥글하게 생겼고 머리 부분이 짧다. 등에 작은 융기가 많이 퍼져 있고 울음주머니는 아래턱 앞쪽 끝에 1개가 있으며 물갈퀴가 발달되어 있지 않다.

맹꽁이는 도시의 변두리에서도 서식하고 있었으나 개발과 수질오염으로 개체수가 점점 줄고 있다.

남생이는 제주도와 울릉도를 제외하고 흔하게 볼 수 있었던 민물거북이다. 우리나라의 민물거북은 남생이와 자라가 있다. 흔히 우리 조상들은 거북은 '구(龜)', 자라는 '별(鼈)'로 표현했다. 『삼국유사』의 〈구지가〉에서 '구'는 거북을 뜻하는 남생이고, 『별주부전』에서 '별'은 자라를 의미한다고 볼 수 있다. 남생이는 딱딱한 등껍데기를 가지고 있으며 등딱지는 타원형이고 불룩하게 튀어나와 있는 융기선 3개가 있다.

가시고기는 큰가시고깃과에 속하는 민물고기로 수컷이 새끼가 부화하여 둥지를 떠날 때까지 보호하는 습성이 있어 '부성애'의 상징으로 여겨지고 있다. 우리나라 북부, 일본, 중국, 동부러시아 등의 하천의 수초가 많은 곳에서 서식한다. 둥지느러미에 6~10개의

남생이는 민물거북으로 천연기념물 제453호이기도 하다.

톱날 같은 가시가 있어 '가시고기'라는 이름이 붙어 있다. 배지느러미는 한 쌍의 가시로 되어 있다. 몸길이는 5~7cm이고 산란기에 수컷은 몸의 색깔이 흑청색으로 변한다.

　칠성장어는 칠성장어, 다묵장어, 칠성말매꼽 등과 함께 칠성장어과에 속하는 물고기다. 이 물고기들의 특징은 턱 대신 흡반이 발달되어 있고 다른 물고기의 몸에 기생하여 살을 뜯어 먹고 체액을 빨아먹는다. 또 다른 특징은 아가미구멍이 7개가 있어 '칠성' 또는 '다묵'이라는 이름이 붙었다. 칠성장어는 강에서 부화하여 생활하다가 바다에서 살다가 강으로 올라와 산란하는 희귀성 어류이지만 다묵장어는 일생을 민물에서 산다. 칠성장어류는 현생 어류 중 가장 원시적인 부류에 속한다.

칠성장어는
아가미구멍이 7개이며
흡반이 있어
다른 물고기에 기생하는
원시 물고기다.

꼬마잠자리는 이름처럼 작은 잠자리로 우리나라가 북방 한계선으로 생태학적으로 가치가 큰 곤충이다. 사진은 꼬마잠자리 수컷.

꼬마잠자리Nannphya pygmaea는 이름처럼 보통 잠자리보다 작아서 붙여진 잠자리인데 몸길이가 13mm 정도다. 꼬마잠자리는 세계에서 가장 작은 잠자리다. 일본 남부, 중국 중남부, 동남아 등지에 서식하는데 우리나라가 북방한계선이므로 생태학적으로도 중요한 가치를 가지고 있다. 수컷의 몸은 빨간색이고 암컷의 배마디에 옅은 노란색 띠무늬와 짙은 갈색의 가로 줄무늬가 있다. 아주 작은 잠자리이기 때문에 학명과 영명(Scarlet pygmy dragonfly)에 크기가 작은 종족을 뜻하는 피그미(pygmy)라는 말이 들어가 있다.

소똥구리는 소똥구릿과에 속하는 딱정벌레로 우리나라, 중국, 몽골 등에 서식하는데 우리나라에서는 1971년 마지막으로 발견된 이후 야생에서 발견되고 있지 않아 멸종된 것으로 보고 있다. 몸길이는 16mm 내외이며 몸은 광택기가 없는 흑색이다. 소똥구릿과의 곤충은 우리나라에 38종 정도 살고 있다. 소나 말의 똥을 둥글게 뭉쳐 그 속에 알을 낳는 종은 소똥구리, 왕소똥구리, 긴다리소똥구리가 있다. 이중 왕소똥구리와 긴다리소똥구리는 우리나라에서 간혹 발견되지만 소똥구리는 2개의 표본만 존재한다.

소똥구리의 개체수가 급격하게 줄어든 것은 소의 사육 환경 변화가 가장 큰 원인으로 생각된다. 사진은 애기뿔소똥구리.

물거미는 이름 그대로 물속에서도 살 수 있는 거미다. 물속에서는 공기주머니를 만들고 그 속에 있는 공기로 호흡을 하고 알도 그 속에서 낳고 보호한다. 공기주머니는 다리나 배의 털 사이에 붙여 운반하며 배는 집속에 있고 머리가슴과 앞다리는 물속에 내놓고 산다. 주로 물속에서 살지만 땅위에서도 자유롭게 행동할 수 있다. 물속에서는 거미줄이나 수초를 이용

물거미는 공기주머니를 만들어 물속에서도 살 수 있는 거미로 경기도 연천군 전곡읍 은대리의 물거미 서식지가 천연기념물 제412호로 지정되어 있다.

흰발농게는 개발로 인한 갯벌 감소로 개체 수가 점점 줄어들고 있다.

해 이동하며 수시로 곤충이나 선충류를 잡아먹는다. 먹이를 먹을 때 공기 주머니 속에서 먹는다.

흰발농게는 농게와 생김새가 비슷하지만 수컷의 큰 집게발이 흰색이어서 붙여진 이름이다. 흔히 볼 수 있는 농게의 큰 집게발은 붉은색이다. 흰발농게와 농게는 달랑겟과에 속하는 게이며 수컷의 한쪽 집게발이 다른 쪽 집게발에 비해 눈에 띠게 크다. 흰발농게는 갑각의 길이가 10mm, 너비 15mm이고 농게의 2배쯤 큰 길이 20mm, 너비 33mm 가량 된다. 흰발농게의 큰 집게발은 표면이 매끈한 반면 농게의 큰 집게발은 표면에 좁쌀 같은 작은 돌기가 있어 거칠어 보인다.

4장

멸종 위기 야생생물 – 식물 I급

멸종 위기 야생생물 중 식물은 88종이다. 이중 I급은 광릉요강꽃
과 한라솜다리를 비롯하여 11종이며, II급은 각시수련, 단양쑥부
쟁이, 독미나리, 연잎꿩의다리, 해오라비난초를 비롯하여 77종이
지정되어 있다.

멸종 위기 야생생물 – 식물 I급

분류	종명
식물 (11종)	광릉요강꽃, 금자란, 나도풍란, 만년콩, 비자란, 암매, 죽백란, 털복주머니란, 풍란, 한라솜다리, 한란

광릉요강꽃은 우리나라에서 자라는 난초과 식물 중 꽃이 가장 크며 중국, 대만, 일본 등에 분포한다. 우리나라에서는 1931년 경기도 포천시 광릉 지역에서 처음 발견되었다. 우리나라에서 경기도와 덕유산 지리산 등에 서식하는 것으로 알려져 있다. 우리나라에 자생하는 복주머니란속 식물은 광릉요강꽃, 복주머니란, 털복주머니란, 노랑복주머니란 등이 알려져 있으며 광릉요강꽃과 털복주머니란은 멸종 위기 야생생물 Ⅰ급, 복주머니란은 Ⅱ급으로 지정되어 있다. 광릉요강꽃이라는 이름은 광릉에서 처음 발견되었고, 꽃모양이 요강을 닮았다 해서 붙여진 것이다. 또 잎이 치마를 닮아 '치마난초', 우리나라 복주머니란 종류 중 꽃이 가장 커서

경기도 포천시 광릉 지역에서 처음 발견된 광릉요강꽃은 복주머니란속 중에서 꽃이 가장 크고 화려해 불법 채취로 개체수가 급격하게 줄고 있다.

'큰복주머니란'이라고도 부른다. 난초과 식물은 뿌리에 있는 곰팡이와의 공생이 특징이다. 이 공생 곰팡이를 난균근이라고 하는데 이 곰팡이는 씨앗이 싹틀 때 영양분을 제공하고, 이렇게 싹이 터서 자란 난초는 곰팡이에게 필요한 환경과 영양분을 제공하는 공생관계를 유지하고 있다. 그래서 대부분의 난초과 식물은 다른 곳에 옮겨 심으면 잘 자라지 못한다. 토양 환경이 바뀌면 곰팡이가 죽기 때문이다.

한라솜다리는 국화과 솜다리속에 속하는 여러해살이풀로 한라산 정상 부근에서만 사는 우리나라 특산종이다. 100여 개체만 남아 있을 정도로 멸종 가능성이 크다. 솜다리는 흔히 '에델바이

흔히 '에델바이스'라 부르는 솜다리 중 한라산에 서만 서식하는 한라솜다리는 멸종 위기 야생생물 l급에 지정된 희귀종이다.

스'라고 부르는데 영화 〈사운드 오브 뮤직〉으로 유명해졌다. 영화처럼 에델바이스는 알프스의 고산지대에 자란다. 솜다리라는 이름은 식물 전체에 솜 같은 털이 많기 때문에 붙여진 것이며 한라솜다리는 한라산에서만 자라기 때문에 이름에 한라가 들어가 있다. 우리나라에 자생하는 솜다리 종류는 4종이 있다. 한라산의 한라솜다리, 설악산의 산솜다리, 백두대간을 따라 자라는 솜다리, 낮은 산지에서 자라는 들떡쑥이다.

멸종 위기 야생식물 I급은 모두 11종인데 암매과의 암매, 콩과의 만년콩, 국화과에 한라솜다리, 난초과에 광릉요강꽃을 비롯해 금자란, 나도풍란, 비자란, 죽백란, 털복주머니란, 풍란, 한란이 있다.

멸종 위기 야생생물 식물 I급 11종 중 8종(광릉요강꽃, 금자란, 나도풍란, 비자란, 죽백란, 털복주머니란, 풍란, 한란) 이 난초과에 속한다. 난초과 외에는 만년콩(콩과), 암매(돌매화나뭇과), 한라솜다리(국화과)가 있다. 사진은 암매.

5장

멸종 위기 야생생물 - 식물 II급

멸종 위기 야생생물 - 식물 II급

분류	종명
식물 (77종)	가는동자꽃, 가시연, 가시오갈피나무, 각시수련, 개가시나무, 개병풍, 갯봄맞이꽃, 검은별고사리, 구름병아리난초, 기생꽃, 끈끈이귀개, 나도승마, 날개하늘나리, 넓은잎제비꽃, 노랑만병초, 노랑붓꽃, 단양쑥부쟁이, 참닻꽃, 대성쓴풀, 대청부채, 대흥란, 독미나리, 두잎약난초, 매화마름, 무주나무, 물고사리, 방울난초, 백부자, 백양더부살이, 백운란, 복주머니란, 분홍장구채, 산분꽃나무, 산작약, 삼백초, 새깃아재비, 서울개발나물, 석곡, 선제비꽃, 섬개야광나무, 섬개현삼, 섬시호, 세뿔투구꽃, 손바닥난초, 솔붓꽃, 솔잎난, 순채, 신안새우난초, 애기송이풀, 연잎꿩의다리, 왕제비꽃, 으름난초, 자주땅귀개, 전주물꼬리풀, 정향풀, 제비동자꽃, 제비붓꽃, 제주고사리삼, 조름나물, 죽절초, 지네발란, 진노랑상사화, 차걸이란, 참물부추, 초령목, 칠보치마, 콩짜개란, 큰바늘꽃, 탐라란, 파초일엽, 피뿌리풀, 한라송이풀, 한라옥잠난초, 해오라비난초, 혹난초, 홍월귤, 황근

멸종 위기 야생식물 Ⅱ급은 모두 77종이다. 각시수련은 수련과의 여러해살이풀로 예전에는 중부 지방의 연못이나 늪에서 흔히 볼 수 있었으나 이제는 강원도 고성에서만 발견될 정도로 개체수가 줄었다. 수련에 비해 꽃과 잎이 작아 '각시'라는 이름이 붙어 있다. 각시라는 말에는 '작다'라는 의미는 없지만 보통 작고 앙증맞은 식물에 즐겨 붙인다. 수련과에 속하는 식물의 특징처럼 뿌리는 땅속에 있지만 잎은 물 표면에 붙어 있다. 꽃은 7~8월에 흰색으로 핀다. 수련이라는 말은 '잠자는 연꽃'이라는 뜻으로 수련과의 꽃은 해가 뜨면 꽃이 피고 해가 지면 꽃을 오므려 마치 낮에 깨어 있다가 밤에 자는 것 같다고 해서 붙여진 이름이다.

단양쑥부쟁이는 단양, 제천, 여주에 드물게 분포하는 국화과의 여러해살이풀이다. 단양쑥부쟁이는 쑥부쟁이 종류로 충주의 수안보에서 처음 채집되었고, 단양 지방에 널리 분포되어 있어 붙여진 이름이다. 주로 남한강변의 척박한 모래땅에 모여 자라며 잎이 솔잎처럼 가늘어 솔잎국화라고도 부른다.

단양쑥부쟁이는 단양 지방에서 볼 수 있어 '단양'이라는 이름이 들어가 있고, 중앙아시아와 동아시아에 널리 분포하는 쑥부쟁이 종류의 변종이다.

독미나리는 산형과에 속하는 여러해살이풀로 습지에 자라며 이름처럼 유독식물이다. 우리나라, 일본, 중국에 분포한다. 식물 전체 특히 땅속줄기에 시쿠톡신이라는 독성 물질이 들어 있어 잘못 먹으면 중추신경이 마비되어 사망할 수도 있다. 독미나리를 골수염 치료에 쓰기도 하진만 독성이 있어 내복을 하지 않고 짓찧어서 달걀흰자위에 개어 바른다. 독미나리와 보통 미나리의 차이는 독미나리는 잎자루에서 갈라진 가지가 더 많고 잎의 톱니도 더 깊이 패여 있어 차이가 난다. 키도 독미나리가 미나리에 비해 훨씬 크다. 독미나리는 냄새가 좋지 않고 땅속줄기가 죽순처럼 생겼고 자르면 누런 즙이 나온다.

연잎꿩의다리는 미나리아재빗과에 속하는 여러해살이풀로 강원도에 드물게 자라는 우리나라 특산종이다. 꿩의다리속의 식물이며 잎의 연꽃의 잎을 닮아 이름이 붙여졌다. 꿩의다리속에 많은 식물이 있지만 연꽃의 잎을 닮은 잎으로 구별할 수 있으며 잎 뒷면이 분처럼 흰빛이며 식물 전체에 털이 없어 매끈하다.

해오라비난초는 난초과에 속하는 여러해살이풀로 꽃의 모양이 조류인 해오라비(실제 이름은 해오라기)가 하얀 날개를 편 모습이어서 구별도 쉽고 관상가치가 뛰어나다. 곰팡이와 공생하는 다른 난초과 식물과 달리 자력으로 발아가 가능하지만 관상 가치로 인해 개체수가 급격히 줄게 되었다.

맹독을 가지고 있는 독미나리는 습지에 자생하는데 습지의 감소로 개체수가 점점 줄어들고 있다.

연잎꿩의다리는 우리나라 특산종으로 강원도 설악산에 드물게 자생하고 있다.

꽃의 모양이 해오라기를 닮은 해오리비난초는 무분별한 채취로 개체수가 줄고 있다.

© 국립생물자원관

멸종 위기 야생생물 - 해조류와 균류 II급

멸종 위기 야생생물 II급 중에 해조류 2종, 고등균류 1종이 지정되어 있다. 해조류는 그물공말과 삼나무말이 있고 고등균류는 화경버섯이 있다. 그물공말과 삼나무말과 같은 해조류는 바다에 사는 조류인데 조류는 식물 분류상 은화식물에 속한다. 식물은 꽃이 피고 씨앗으로 번식하는 현화식물과 꽃이 피지 않고 포자로 번식하는 은화식물로 분류된다. 화경버섯은 균류로 식물에 포함되지 않는다.

그물공말은 녹조식물로 공말과에 속하며 조간대의 바위에 무리지어 자란다. 조간대란 밀물 때 바닷물이 채워지고 썰물 때 바닷물이 빠지는 곳을 말한다. 그물공말은 우리나라에서는 제주도에서만 볼 수 있고, 일본 남부, 중국, 인도네시아, 오스트레일리아 등지에 분포한다. 녹갈색의 구슬 모양이며 표면이 반질반질하고 작은 거품이 모여서 그물 모양을 하고 있어 이름이 붙여졌다.

삼나무말은 갈조식물로 모자반과에 속하며 바닷속 바위에 붙어 무리지어 산다. 육지에 사는 삼나무의 잎과 모양이 비슷해서 이름이 붙여졌다. 40~50cm 길이의 기다란 원기둥 모양을 하고 있으며, 5~8월 포자를 퍼뜨릴 때 생기는 생식기탁(꽃으로 비유하면 꽃받침조각)이 황금색을 띠어 바다 속의 황금 휴양림이라고도 불릴 정도다. 한대성 기후에서 잘 자라 우리나라에서는 동해안 울진 이북에서 드물게 분포한다.

화경버섯은 영어 이름이 Moon night mushroom인 것처럼 발광물질이 있어 빛을 내는 특이한 버섯이다. 밤에 달빛을 받아 은은한 빛을 내는 화경버섯은 식용인 느타리버섯과 비슷하게 생겨서 중독 사고를 일으키기도 하는 독버섯이다. 북한에서는 독느타리라고 부른다고 한다.

화경버섯이 빛을 내는 이유는 곤충들을 유인하여 포자를 퍼뜨리기 위한 것으로 알려져 있다. 경기도 포천시 광릉 지역에서 1940년에 처음으로 채집되었고, 설악산, 점봉산, 오대산, 계룡산, 지리산 등이 서식하고 있다.

화경버섯은 발광물질이 있어 달빛을 반사하며 독이 있는 버섯이다.

1

털개회나무를 미국으로 가져가 미스김라일락으로 둔갑시킨 엘렌 미더나 홍도비비추를 가져가 잉거비비추로 만든 잉거리 존슨 같은 사람을 '식물사냥꾼'이라고도 합니다. 여러분이 식물사냥꾼이 되어 외국에서 식물을 마음대로 가져올 수 있다면 어떤 종을 가져올지 생각해 봅시다.

....

....

2

여러분 앞에 버튼이 하나 있습니다. 이 버튼을 누르면 둘 중 한 종은 멸종을 막을 수 있습니다. 한 종은 인류에게 도움이 되지만 자연에게는 해가 되고, 다른 한 종은 그 반대로 인류에게 해가 되지만 자연에게 도움이 됩니다. 반드시 하나의 버튼을 눌러야 한다면 어떤 버튼을 누를지 선택하고 그 이유를 생각해 봅시다.

....

....

3

개천 주변을 걷다가 멸종 위기종이자 천연 기념물인 남생이를 보고 사진을 찍어 SNS에 올렸습니다. 그랬더니 어떤 사람이 어디서 찍었는지 위치를 알려달라는 댓글을 달았습니다. 여러분이라면 알려주어야 할지 그러지 말아야 할지 생각해 봅시다.

....

....

19세기 지구에서 가장 흔했던 새 중 하나가 여행비둘기였다. 미국에서 볼 수 있는 새 중 4분의 1이 여행비둘기였다고 하니 그 수가 얼마나 많았는지 실감이 날 것이다. 그런데 1914년 마지막 남아 있던 개체가 죽자 한 때 50억 마리였던 여행비둘기는 지구상에서 멸종되고 말았다. 여행비둘기는 그 수가 워낙 많아 사냥감이 되었고 식재로 많이 이용되었다.

삼림 벌채도 멸종의 원인이었다. 그런데 삼림 벌채와 사냥만으로 50억 마리가 멸종되었다기보다는 자연적인 감소에 사냥이 더해졌다는 연구 결과가 보고되었다. 여행비둘기는 오래전부터 이미 불안전한 생태적 상황에 놓여 있었다고 한다. 즉 시대에 따라 개체수의 변화가 매우 컸고, 기본적인 식량인 도토리의 공급이 기후 변화로 달라졌던 것도 멸종을 맞게 된 원인이라는 것이다. 과학자들은 여행비둘기의 멸종은 연구를 더 해야 할 가치가 있는 것으로 보고 있다.

4 여러분이 〈어벤져스〉 시리즈의 타노스이고 핑거스냅으로 생명체의 절반을 사라지게 할 수 있다면 현재 지구의 상황으로 봐서 핑거스냅을 할 것인지 말 것인지 생각해 봅시다.

....

....

3부

세계의 멸종 위기
야생생물 현황

1장

멸종된 선사시대 동물들

지구상에 인류가 출현한 것은 지금으로부터 약 500만 년 전으로 추정되고 있다. 오스트랄로피테쿠스를 시작으로 호모 하빌리스, 호모 에렉투스, 호모 사피엔스를 거쳐 현대인인 우리는 호모 사피엔스 사피엔스다. 인류의 역사는 문자로 기록되기 전인 선사시대와 그 이후인 역사시대로 나눌 수 있다. 선사시대는 우리가 흔히 말하는 구석기시대, 신석기시대, 청동기 시대, 철기시대로 구분한다. 역사시대는 철기시대 이후를 가리킨다. 그렇다면 선사시대에 멸종된 동물들은 무엇이 있을까?

선사시대에 멸종된 대표적인 동물로는 털매머드, 털코뿔소, 검치호랑이, 동굴사자, 동굴곰 등의 대형 포유류와 육식성 상어인 메갈로돈이 있다. 털매머드는 가장 오랫동안 살아남은 매머드 종류로 코끼릿과 매머드속에 속하는 대형 포유류다. 우리나라를 비롯해 동부 아시아에 서식했으며 플라이스토세(약 258만 년 전부터 1만 년 전까지의 지질 시대로 속칭 빙하기를 일컬음)에서 홀로세(약 1만년 전부터 현재까지의 지질 시대를 말함) 전기까지 살다가 멸종되었다. 몸에 긴 털이 있어 추위를 견딜 수 있었기에 빙하기 하면 떠올리는 매머드가 바로 온 몸이 털로 덮인 털매머드다. 캐나다, 유라시아, 북극권, 툰드라 등지에 살았으며 수컷의 어깨높이는 약 3m, 최대 몸무게 6톤이 나갈 정도로 거대했고 둥글게 휘어진 엄니가 인상적이었다. 유전자 분석 결과 현생 아프리카코끼리보다는 아시아코끼리와 더 가까운 것으로 밝혀졌다. 우리나라에서는 2012년 전북 부안군 상왕등도에서 털매머드의 이빨 화석 2점이 발굴되었고, 북한에서는 '털코끼리 화석 자리'가 천연기념물로 지정되어 있다. 털매머드를 북한에서는 털코끼리라고 부른다.

털코뿔소는 털매머드와 함께 신생대 플라이스토세에 아시아와 유럽 북부 초원에서 살았던 거대 동물이다. 마지막 빙하기까지 경기도에서 화석이 발굴되었다. 그동안 털코뿔소는 인간의 무분별한 사냥이 멸종의 원인으로 알려져 있었다. 그러나 최근의 연구 결과 갑작스런 기후 변화가 원인일 수 있다는 주장이 제기되었다. 추워서가 아니라 지구의 기온이 상승하는 온난기가 닥치자 시베리아 북동부의 추운 기후에 적응해온 탓에 기온 상승으로 멸종되었다는 것이다.

위턱에서 나온 거대한 송곳니가 특징적인 검치호랑이는 신생대 제3기부터 1만 년 전까지 살았던 고양잇과의 대형 육식동물이다. 검치호, 칼이빨호랑이라고도 부르며 학명인 스밀로돈*Smilodon*이라고도 부른다. 스밀로돈은 '칼과 같은 이빨'이라는 뜻이며 송곳니

미국 자연사 박물관의 검치호랑이
화석의 머리부분.

가 무려 20cm나 되었다. 또한 검치호랑이의 영어 이름은 세이버 투스드 타이거(Saber-toothed tiger)인데 saber tooth는 휘어진 칼처럼 생긴 이빨에서 유래한 이름이다. saber는 영어로는 세이버라고 읽지만 프랑스어 사브르(sabre)와 같다. 사브르는 펜싱 종목이기도 하며 베기와 찌르기를 할 수 있고 양쪽에 날이 있는 칼의 명칭이기도 하다. 검치호랑이는 크고 날카로운 송곳니로 매머드와 같은 대형 초식동물을 사냥했을 것으로 생각된다.

메갈로돈은 육식성 상어로 지구상에서 가장 거대한 어류였을 것으로 추정된다. 몸길이가 15~20m였으며 이빨 길이만도 20cm에 가까웠는데 이것은 백상아리의 이빨보다 3배 정도 큰 것이다. 메갈로돈(Megalodon)은 '거대한 이빨'이라는 뜻이다. 해양 생태계에서

바다의 최상위 포식자였던 메갈로돈은 급격한 서식 환경이 변화로 멸종되었다.

바다의 최상위 포식자였던 메갈로돈은 급격한 서식 환경이 변화로 멸종되었다.

최상위 포식자였던 메갈로돈은 2600만 년 전인 신생대 제3기 마이오세(약 2300만 년 전부터 600만 년 전까지의 지질 시대)에 출현하여 제4기 플라이스토세에 멸종되었다. 메갈로돈의 화석은 신생대를 대표하는 화석으로 주로 이빨 화석이 발견된다. 이빨 화석이 고대 화석이 발굴되는 곳과 일치하고 메갈로돈에 공격당한 고래류나 듀공류의 화석이 발견되는 것으로 볼 때 메갈로돈은 대형 해양 포유류를 사냥하여 잡아먹고 살았던 것으로 생각할 수 있다.

동굴사자는 신생대 제4기 플라이스토세에 멸종된 거대 고양잇과 동물이다. 우리나라 구석기 시대 유적지에서 동굴사자의 뼈가 발견되었다. 동굴사자는 아시아, 유럽, 북아메리카에 살았고 같

동굴사자는 포식자들과의 경쟁에서 밀려 멸종에 이른 것으로 보인다.

은 시대 아메리카 대
륙에서 살았던 사자와
다른 종으로 분류된
다. 생태학적으로 보면
사자보다 호랑이에 가
깝고 무리를 짓지 않
고 대부분 혼자 생활

동굴곰은 기후 변화와 인간에게 서식지(동굴)를 빼앗긴
것이 멸종의 원인이라는 주장이 제기되었다.

했던 것으로 보인다. 몸길이는 최대 350cm, 몸무게는 최대 350kg
으로 추정하고 있으며 털코뿔소, 털매머드, 들소 등 대형 초식동
물을 잡아먹고 살았을 것으로 보고 있다.

동굴곰은 신생대 제4기 플라이스토세에 살았던 곰의 종류로
유라시아에 주로 서식했다. 동굴곰이 주로 살았던 곳이 툰드라 지
역이므로 추위를 피해 동굴을 삶의 주요 영역으로 삼은 것으로
보인다. 2020년 9월 12일 러시아 야쿠츠크 북동연방대 연구팀이
노보시비르스크 제도에서 목동들이 발견한 동굴곰 미라를 연구
하고 있다고 발표했다. 그 이전에는 동굴곰의 두개골과 뼈만 발견
되었는데 내부 장기까지 온전한 상태여서 연구 가치가 크다고 한
다. 동굴곰은 1만 5000년 전에 멸종된 것으로 알려져 있으며 이번
에 발견된 동굴곰 미라는 2만 2000년~3만 9500만 년 전으로 연
대가 추정된다. 동굴곰은 비교적 온순한 곰으로 산딸기 등 열매를
주로 먹고 살았으며 몸길이 최대 3m, 몸무게 최대 390kg으로 동
면에 들어가기 전에는 550kg까지 되는 것으로 알려져 있다.

2장

멸종 위기 현황을 나타내는 말들

현존 생물들이 멸종 위기에 처하는 가장 큰 이유는 인류의 번성과 활동이라 할 수 있다. 인류는 출현한 지 얼마 되지 않았음에도 불구하고 만물의 영장이라 자처하며 동식물들을 주인처럼 이용해왔다. 동물은 고기, 가죽, 기름 등을 얻기 위해 사육하고 사냥했으며, 식물은 땔감, 주거시설 등으로 이용하기 위해 채취하고 벌목했다.

이제 인류는 사라져가는 동식물을 보며 보존의 필요성을 느끼고 멸종 위기종을 지정하여 관리하는 실정이 되었다. 전 세계 동식물에 관해 멸종 위기종은 세계자연보전연맹(IUCN)이 분류하고 체계적인 조사를 거쳐 9가지 적색목록(Red List)으로 정리하고 있다. 멸종 위기의 속도, 개체군의 크기 및 구조의 취약성, 지질학적 분포 지역, 개체의 분포와 정도 등을 기준으로 한다.

9가지 등급은 멸종, 야생멸종, 위급, 위기, 취약, 준위협, 최소관심, 정보부족, 미평가로 나눈다. 멸종(Extinct)은 생존하는 개체가 하나도 없다는 것으로 기호로는 EX로 표기한다. 2021년 7월 기준으로 전 세계에서 900종의 동식물이 멸종 등급으로 관리되고 있다. 야생멸종(Extinct in the Wild, EW)은 준멸종 상태로 야생에서는 존재하지 않고 보호구역이나 동물원 등과 시설에서 생존하고 있는 종을 말한다. 전 세계에서 79종의 동식물이 야생멸종 등급으로 관리되고 있다. 위급

전 세계 멸종 위기 야생생물은 세계자연보전연맹(ICUN)에서 조사하고 분류하여 공표한다.

(Critically Endangered, CR)은 심각한 멸종 위기에 빠진 8,188종의 동식물을 나타낸다. 위기(Endangered, EN)는 흔히 말하는 멸종 위기종으로 전 세계에서 1만 4,106종의 동식물이 이에 속한다.

취약(Vulnerable, VU)은 말 그대로 취약하다는 의미를 나타내며 멸종 위기에 처할 가능성이 높은 종이다. 전 세계에서 1만 5,186종의 동식물이 해당된다. 준위협(Near Theatened, NT)은 현재 상황으로는 멸종 위험 상태는 아니지만, 보존 조치가 취해지지 않는다면 가까운 장래에 취약이나 위기종이 될 수 있는 종을 나타낸다. 준위협 등급에는 전 세계에서 7,889종의 동식물이 등록되어 있다. 최소관심(Least Concerned, LC)은 멸종 위기종에 포함되지 않으며 널리 퍼져 있고 개체수가 많은 생물이라는 의미다. 전 세계에서 6만 9,149종의 동식물이 이 등급에 포함되어 있다. 평가 자료가 부족한 종을 뜻하는 정보부족(Date Deficient, DD) 동식물은 1만 8,752종이 있다. 마지막으로 미평가(Not Evaluated, NE)는 평가 작업을 거치지 않은 종이라는 의미를 가지고 있다.

3장

달콤한 유혹, 밀렵

육식동물과 초식동물로 나누어질 때부터 사냥은 생존이 걸린 문제였다. 육식동물은 초식동물을 잡아먹지 않으면 살아서 종족을 보존할 수 없다. 인간과 같은 잡식동물도 마찬가지다. 식물만으로는 부족한 영양분을 얻기 위해 원시시대부터 사냥을 해왔다. 인류는 42만 년 전 사냥을 처음 시작했다는 기록이 있다. 이처럼 인간을 포함한 육식동물의 사냥은 생존본능이라고 할 수 있다. 암사자 여러 마리가 힘을 합쳐 커다란 물소 한 마리를 사냥하거나, 치타가 엄청나게 빠른 속력으로 달려 가젤을 덮치거나, 악어가 강물속에서 눈만 내놓고 있다가 목마른 사슴을 습격하는 일은 자연계에서 흔히 있는 당연한 일인 것이다. 인간도 마찬가지로 먹을 것이 부족한 북극의 이누이트인들이 물개를 사냥하거나 고산지대의 사람들이 토끼를 수렵하는 것은 생명을 보존하기 위한 수단이라 하겠다. 그러나 인간들에게 있어 사냥은 먹고 사는 문제를 벗어나는 경우도 있다.

사냥은 육식동물에게 꼭 필요한 삶의 과정이다.

　인간들에게 사냥은 총, 칼, 창, 작살, 덫, 그물 등의 도구를 이용하여 동물을 포획하는 일이다. 가축을 사육하기 이전의 인간들은 사냥을 생계의 수단으로 삼았다. 짐승이나 새를 포획하는 것을 수렵, 물고기를 포획하는 것을 어렵이라고 해서 식물성 먹이를 모으는 채집과 더불어 인류의 먹이활동에 중요한 역할을 했다. 그러나 가축을 사육하고 농작물을 재배하면서 (일부 예외를 제외하고) 사냥은 오락으로 발전했다. 특히 정해진 법을 위반하면서 사냥하는 것은 '밀렵'이라고 한다. 물고기를 불법적으로 포획하는 것은 '밀어'라고 한다. 물개, 고래 등 해산 포유류를 불법적으로 잡는 것은 밀렵에 해당된다.

　우리나라는 유해 야생동물을 법률로 정해놓았다. 장기간에 걸쳐 무리를 지어 농작물 또는 과수에 피해를 주는 참새, 까치, 어치, 직박구리, 까마귀, 갈까마귀, 떼까마귀가 유해 야생동물로 지정되어 있다. 일부지역에 서식 밀도가 너무 높아 농업, 임업, 수산업에 피해를 주는 꿩, 멧비둘기, 고라니, 멧돼지, 청설모, 두더지, 쥐류 및 오리류(오리류 중 원앙, 원앙사촌, 황오리, 알락쇠오리, 호사비오리, 뿔쇠오리, 붉은가슴흰죽지는 제외) 역시 유해 야생동물에 포함된다. 비행장 주변에 출현하여 항공기 또는 특수 건조물에 피해를 주거나, 군 작전에 피해를 주는 조수류도 마찬가지이다. 물론 멸종 위기 야생동물은 제외한다. 그리고 민가 주변에 나타나 인명이나 가축에 위해를 주거나 위해 발생의 우려가 있는 멧돼지 및 (멸종 위기 야생동물로 지정되어 있지 않은) 맹수류도 유해 야생동물로 지정되어 있다. 일부 지역에 서식 밀도가 너무 높아 분변이나 털 날림 등으로 문화재 훼손이나 건물 부식 등의 재산상 피해를 주거나 생활에 불편을 끼치는 집비둘기도 유해 야생동물로 지정되어 있다.

또한 우리나라는 수렵을 할 수 있는 동물로 지정되어 있는 것들도 있다. 법률로 정해진 수렵장 안에서 수렵할 수 있는 동물로는 포유류 3종, 조류 13종이 있다. 포유류는 멧돼지, 고라니, 청설모이고 조류는 꿩(수꿩), 멧비둘기, 까마귀, 갈까마귀, 떼까마귀, 쇠오리, 청둥오리, 홍머리오리, 고방오리, 흰뺨검둥오리, 까치, 어치, 참새이며 수렵 면허 소지자에 한해 사냥이 허용된다. 물론 동물애호가들과 동물보호단체들은 이러한 합법적인 수렵에도 부정적인 시각을 가지고 반대 운동을 벌이고 있다.

그러나 가장 큰 문제는 밀렵이다. 밀렵은 멸종 위기에 처한 귀한 동물을 대상으로 하는 경우가 많기 때문에 멸종을 부추기는 행위인 셈이다. 국제적인 협약을 통해 야생생물의 밀렵과 밀거래를 감시하거나 통제하려고 노력하고 있지만 밀렵이 성행하는 지역은 아프리카와 동남아시아처럼 경제적으로 부유하지 않은 나라가 많기에 단속에 어려움이 있는 실정이다.

2021년 6월, 벵골호랑이 70마리를 밀렵해 온 방글라데시의 밀렵꾼을 20년간 추적한 끝에 체포했다는 뉴스가 전해졌다. 벵골호랑이는 벵갈호랑이라고도 부르며 우리나라에서는 인도호랑이라고 표기한다. 세계자연보전연맹 적색목록에 멸종 위기종(EN)으로 등록되어 있는 인도호랑이는 호랑이의 아종으로 애니메이션 〈정

밀렵과 밀거래로 희생당한 호랑이와 야생동물들이 세관에 적발되어 압수되기도 한다.

글북〉의 '쉬어 칸'이나 〈알라딘〉의 '라자'가 바로 이 인도호랑이를 모델로 한 캐릭터들이다.

이렇게 국제적으로 멸종 위기종으로 지정되어 있는 동물의 밀렵은 바로 멸종과 직결될 수 있다. 인도호랑이는 방글라데시를 비롯해 인도, 네팔, 미얀마, 인도네시아 등지에 2,000마리 정도만 서식하는 것으로 파악되고 있다.

밀렵꾼들은 이 인도호랑이의 가죽과 뼈를 암시장에 팔기 위해 밀렵을 해온 것으로 알려졌다. 호랑이뿐만 아니라 상아를 얻기 위해 코끼리를, 뿔을 얻기 위해 코뿔소나 사슴을, 가죽을 얻기 위해 악어를 불법적으로 사냥하는 일이 끊이지 않고 있다. 야생동물의 밀렵과 밀거래는 주로 고기, 약재, 애완동물, 장신구, 모피 등의 수요가 있기 때문에 이루어지는 것으로 보인다. 별미를 즐긴다는 이유로 영장류를 밀렵하는 사람들도 있다. 뿔이나 뼈, 내장 등은 약재와 장신구로 이용되고 있으며 호랑이를 비롯해 수많은 동물들이 모피를 위해 밀렵당하고 있다. 한반도에서 멸종된 것으로 보이는 시베리아호랑이도 일제 강점기 때 가죽을 얻기 위해 무자

밀거래 적발로 수북이 쌓인 코끼리 상아.

비하게 사냥당했다. 미국 국무부에 따르면 2018년 야생동물 밀거래 규모는 연간 78억 달러에서 100억 달러로 추산된다고 한다.

비싼 가격으로 거래되는 천산갑과 천산갑의 비늘.

세계적으로 볼 때 가장 많이 밀거래된 야생동물은 천산갑이라고 한다. 천산갑은 포유류 중 유일하게 몸에 비늘을 가지고 있는데, 이 비늘이 약재로 사용되고 고기도 진미로 여겨지고 있기 때문이다. 특히 비늘이 혈액 순환에 도움이 되고 모유를 잘 나오게 한다는 믿음이 있어 천산갑의 사냥이 급격하게 늘었다고 한다. 천산갑은 습성상 천적을 만나면 도망가지 않고 몸을 공처럼 둥글게 말고 꼼짝하지 않는데 이것이 밀렵꾼들에게는 생포하기 아주 좋은 이유가 된다. 천산갑은 아프리카와 아시아 일대에 9종 정도가 서식하는데 모두 적색목록에 멸종 위기종으로 등록되어 있다. 멸종 위기종임에도 불구하고 밀거래가 끊이지 않아 CITES(야생생물의 국제 거래에 관한 협약)에서도 거래 금지 동물로 지정된 상태다.

오락을 위한 사냥이든 생계를 위한 밀렵이든 멸종 위기종에게는 치명적이다. 밀렵과 밀거래가 끊이지 않는다면 천산갑뿐만 아니라 코뿔소, 호랑이 등은 가까운 시일 내에 모리셔스섬의 도도의 운명을 따르게 될 것이다.

4장

개발과 환경 보존의 양면

필자는 시골에서 태어나 자랐다. 여름 방학이면 곤충채집과 식물 채집을 숙제로 하면서 여러 가지 곤충을 관찰하고 채집하기도 했다. 곤충 중에서 가장 기억에 남는 것은 소똥구리다. 70~80년 대 농사를 짓는 시골집에는 소가 한두 마리는 있었다. 따라서 집 주변과 논밭 주변에는 소똥이 많았고 소똥구리도 많았다. 소똥을 들춰보면 어김없이 소똥구리가 한두 마리씩은 있었다. 지금 생각해 보면 그 소똥구리는 진짜 소똥구리가 아니었다. 진짜 소똥구리는 1971년 우리나라 야생에서 멸종된 것으로 보고되었기 때문이다. 그렇다면 옛날의 그 소똥구리는 무슨 소똥구리였을까? 기억해 보면 크기가 1.5cm 정도이며 검은색이고 머리에 뿔이 나 있었다. 곤충도감을 찾아보니 애기뿔소똥구리였다. 수컷의 뿔은 코뿔소의 뿔처럼 늠름했고 케라톱스의 뿔처럼 강력한 모습이었다. 하지만 그 뿔을 손가락으로 잡으면 애기뿔소똥구리는 꼼짝도 하지 못했다. 그때는 왜 애기뿔소똥구리가 동그란 똥 덩어리를 굴리며 다니

소똥구리는 애기뿔소똥구리와 달리 머리에 뿔이 없으며 우리나라의 야생에서는 볼 수 없게 되었다.

는지 몰랐다. 그 속에 알을 낳고 알에서 깨어난 애벌레가 그 똥을 먹으며 산다는 것을 나중에야 알았다.

그런데 40여 년이 지난 지금 필자가 살던 시골에는 소가 한 마리도 없다. 소뿐만 아니라 돼지를 기르는 집도 찾아보기 힘들다. 소가 없으니 소똥도 없고, 소똥이 없으니 애기뿔소똥구리가 있을 리 없다. 소가 풀을 뜯으며 파리를 쫓던 그 풀밭에는 공장이 세워지고 논과 밭에는 아파트가 들어섰다. 야트막한 산마저 전원주택이 지어지고 콘크리트 도로가 나기 시작했다. 이런 사정은 전국적으로 비슷해서 급기야 애기뿔소똥구리는 멸종 위기 야생생물 Ⅱ급에 지정되었다. 충청남도 태안군은 예로부터 소를 많이 기르던 곳으로 소똥구리가 많았다. 물론 지금은 소똥구리를 볼 수 없다. 소똥구리 역시 멸종 위기 야생생물 Ⅱ급에 지정되어 있다. 그런데

2021년 5월 국립생태원 멸종 위기종복원센터에서 2024년, 2000 마리 이상을 야생에 방사하겠다고 발표했다. 한반도 소똥구리를 복원하기 위해 노력하고 있는 멸종 위기종복원센터는 몽골에서 소똥구리 200여 마리를 포획해서 인공 번식하고 있다. 소똥구리는 애기뿔소똥구리와 달리 뿔이 없어 쉽게 구별할 수 있다. 소똥구리와 애기뿔소똥구리가 멸종 위기에 처하게 된 것은 가축을 이용한 농경 방식이 기계화로 바뀌면서 소를 사육하지 않게 되었고, 소를 사육하더라도 사료를 먹이면서 소똥구리가 원하는 영양분이 많이 함유된 소똥이 없어졌기 때문이다.

개발을 하게 되면 그곳에 살고 있는 야생생물 중 일부는 서식지를 잃게 된다. 사진은 멸종 위기 야생생물 I급인 저어새가 논에서 먹이 활동을 하고 있다. 개발로 서식지가 사라지면 저어새는 다시 오지 않을 것이다.

개발을 하고 환경을 바꾸는 것은 인간의 편리와 관계 되는 일이다. 늘어나는 인구와 도시화로 주거 공간과 문화 시설이 필요한 것도 사실이다. 그러나 그 때문에 그곳에 살고 있던 동식물이 서식지를 잃게 되는 것은 동전의 양면처럼 따라오는 결과이다. 그래서 국가는 무분별한 개발을 막고 야생생물을 보호하기 위한 법률을 제정하여 시행하고 있으며, 개발이 필요한 곳은 야생생물의 서식 환경을 미리 조사하고 예측하는 '환경영향평가'를 실시하도록 정하고 있다.

우리나라는 평지와 산지가 3:7 정도로 산지가 더 많다. 도시에서 다른 지역으로 가기 위해 높은 산을 지나가야 구불구불한 길을 돌아야 하는 곳이 많다. 하지만 터널이 뚫려 획기적으로 시간을 단축할 수 있는 곳도 여럿 있다. 이렇게 터널을 만들거나 산의 일부를 잘라 도로와 철로를 내면 시간과 에너지를 절약할 수 있다. 하지만 도로를 내고 터널을 만들기 위해서는 그곳에 살고 있는 동식물의 서식 환경을 고려해야 한다. 도심에서 먼 산지일수록 멸종 위기종의 종수와 개체수가 더 많을 수 있음을 알아야 한다. 개발 사업자들과 환경보존 단체들과 충돌하는 소식이 심심치 않게 들려오는 이유가 바로 그것이다. 이럴 때 '환경정책기본법'과 '환경영향평가법'에 따라 개발과 보존 양쪽 모두 해가 되지 않도록 슬기롭게 결정해야 하는 것이다.

환경영향평가란?

'야생생물 보호 및 관리에 관한 법률' 제1조는 야생생물과 그 서식 환경을 체계적으로 보호 · 관리함으로써 야생생물의 멸종을 예방 하고, 생물의 다양성을 증진시켜 생태계의 균형을 유지함과 아울 러 사람과 야생생물이 공존하는 건전한 자연환경을 확보하는 것 을 목적으로 한다고 명시하고 있다. 이 법률에 근거해 정부는 멸 종 위기 야생생물을 Ⅰ급과 Ⅱ급으로 지정하여 보호 · 관리하는 것이다.

또 환경부 장관은 이 법률에 따라 멸종 위기 야생생물 등에 대해 보호 기본 계획을 수립하고, 서식 실태를 조사하고 멸종 위기 야 생생물에 대한 중장비 보전 대책을 수립하고 시행해야 한다. 멸종 위기 야생생물 자체뿐만 아니라 야생생물이 살아가는 환경 또한 보존해야 한다. 이와 관련된 법률이 '환경정책기본법'과 '환경영향 평가법'이다. '환경정책기본법'은 환경보전에 관한 국민의 권리 · 의무와 국가의 책무를 명확히 하고 환경정책의 기본 사항을 정하 여 환경오염과 환경훼손을 예방하고 환경을 적정하고 지속가능하 게 관리 · 보전함으로써 모든 국민이 건강하고 쾌적한 삶을 누릴 수 있도록 함을 목적으로 한다. '환경영향평가법'은 환경에 영향을 미치는 계획 또는 사업을 수립 · 시행할 때에 해당 계획과 사업이 환경에 미치는 영향을 미리 예측 · 평가하고 환경보전방안 등을 마련하도록 하여 친환경적이고 지속가능한 발전과 건강하고 쾌 적한 국민생활을 도모함을 목적으로 한다. 이런 법률에 따라 개발 관련 사업을 할 때 환경에 미치는 악영향을 최소화하고, 지속 가 능한 환경 보존을 위해 '환경 영향 평가'를 실시하도록 하고 있다. '환경영향평가법'은 크게 '전략 환경 영향 평가', '환경 영향 평가', '소규모 환경 영향 평가' 등으로 분류하여 시행하고 있다. '전략 환 경 영향 평가'는 환경에 영향을 미치는 계획을 수립할 때에 환경

보전계획과의 부합 여부 확인 및 대안의 설정·분석 등을 통하여 환경적 측면에서 해당 계획의 적정성 및 입지의 타당성 등을 검토하여 국토의 지속 가능한 발전을 도모하는 것을 말한다. '환경 영향 평가'는 환경에 영향을 미치는 실시계획·시행계획 등의 허가·인가·승인·면허 또는 결정 등을 할 때에 해당 사업이 환경에 미치는 영향을 미리 조사·예측·평가하여 해로운 환경영향을 피하거나 제거 또는 감소시킬 수 있는 방안을 마련하는 것을 말한다. '소규모 환경 영향 평가'는 환경보전이 필요한 지역이나 난개발이 우려되어 계획적 개발이 필요한 지역에서 개발 사업을 시행할 때에 입지의 타당성과 환경에 미치는 영향을 미리 조사·예측·평가하여 환경보전 방안을 마련하는 것을 말한다.

5장

세계 멸종 위기 야생동물

지질시대와 선사시대 이후 멸종된 동물들 즉, 적색목록에서 멸종인 종들은 앞서 이야기한 것처럼 도도와 스텔러바다소 등이 있다. 이들뿐만 아니라 멸종으로 등록된 대표적인 동물들은 다음과 같다.

포유류에는 바다사자, 바바리사자, 양쯔강돌고래, 오록스(솟과에 속하는 포유류), 주머니늑대 등이 있고, 조류에는 도도를 비롯해 모아, 여행비둘기, 레이산뜸부기, 코끼리새, 큰바다쇠오리 등이 있다. 파충류에는 핀타섬땅거북, 세이셸땅거북, 델쿠르큰도마뱀붙이(돌도마뱀붙잇과에 속하며 카웨카웨아우라고도 함), 크리스마스섬도마뱀 등이 있다. 양서류에는 베가스표범개구리, 황금두꺼비, 이브검은쇠숲개구리 등이 있고, 어류에는 서호납줄갱이, 뉴질랜드사루기(연어과의 물고기), 베졸라민물송이, 우크라이나칠성장어 등이 있다. 또한 곤충류에는 로키산메뚜기, 세인트헬레나집게벌레, 서세스블루(부전나비의 일종), 레부아나나방, 스티븐스섬딱정벌레 등이 적색목록의 멸종 등급에 포함되어 있다.

여기에서 바다사자는 '강치'라고도 부르는데 독도와 동해안에서 살았던 우리나라 고유종으로 '독도강치' 라고 불렸다. 일제 강점기를 거치면서 남획으로 개체 수가 줄었고 1994년 세계자연보전연맹(IUCN)이 멸종으로 보고했고, 우리나라에서는 2011년 멸종을 공식 선언했다. 어류 중 서호납줄갱이는 경기도 수원시의 서호에서만 서식했던 물고기였다. 채집 기록 자체도 굉장히 드물고 1935년 서호의 둑 공사를 하면서 두 마리가 채집되었는데 그것이

'강치' 또는 '독도강치'라고 부르는 바다사자는 비교적 최근인 2011년 우리나라에서 멸종된 것으로 공식 보고되었다. 사진은 1934년 일본 어부들이 독도강치를 잡고 있는 모습이다.

마지막이었다. 우리나라 고유종이 멸종되었다는 것은 전 세계 어디서도 볼 수 없다는 의미다.

적색목록에서 야생멸종인 종들은 북부흰코뿔소, 사불상(당나귀의 몸, 말의 얼굴, 소의 발굽, 사슴의 뿔을 가졌지만 전체적으로 이들과 어느 것과도 닮지 않았다는 사슴과의 포유류), 케이프사자, 쿠니마스 등이 있다. 쿠니마스는 일본의 아키타현의 타자와 호수에서만 서식했던 물고기로 멸종한 것으로 알려졌지만 현재 야마나시현의 한 호수에서 서식한다는 것이 밝혀진 상태다.

북부흰코뿔소, 사불상, 쿠니마스 등의 동물은 야생에서는 멸종된 것으로 보고 있다. 사진은 사불상으로 공원에서만 볼 수 있다.

수마트라코뿔소는 약 30마리가 생존해 있는 것으로 알려져 있다.

　적색목록에 위급인 종들은 수마트라코뿔소(약 30마리 생존), 실러캔스, 마운틴고릴라(약 880마리 생존), 사올라(솟과의 포유류, 11마리 생존) 등으로 멸종 직전에 처한 동물이다. 실러캔스는 고생대부터 현재까지 살고 있으며, '살아 있는 화석'으로 부른다. 실러캔스는 1839년 최초로 화석이 발견되었고 백악기 말인 7500만 년 전에 멸종한 것으로 알려져 있었다. 그런데 1938년 남아프리카공화국의 어선이 우연히 실러캔스를 잡았고, 14년 후인 1952년 두 번째 실러캔스가 잡히면서 멸종되지 않은 것으로 밝혀졌다. 사올라는 솟과에 속하지만 사슴이나 오릭스처럼 생긴 포유류다. 베트남과 라오스에서만 서식하고, 공식적으로 기록된 개체가 11마리뿐이다. 2013년 새로운 개체가 확인되었으나 이후로는 목격 소식이 전해지지 않고 있다.

적색목록에서 위기인 종들은 검은코뿔소(3600~4880마리), 리카온(약 6600마리), 시베리아호랑이(약 500마리), 황새(1000~2500마리), 따오기(약 400마리) 등으로 개체수가 그리 많지 않은 종들이다. 우리나라에서 멸종된 것으로 보고된 시베리아호랑이는 적색목록에서는 위기종인 것으로 평가되고 있다. 검은코뿔소는 코뿔소 종류 중에는 개체수가 가장 많은 종이지만 감소되고 있는 상황으로 보아서는 가장 심각한 종이기도 하다.

적색목록에서 취약에 속하는 종들은 고라니, 눈표범, 북극곰, 사향노루, 향유고래, 갈라파고스땅거북, 아메리카악어, 딩고, 판다, 코모도왕도마뱀, 백상아리, 환도상어, 눈다랑어, 자바리 등이 있다. 이중 고라니는 야생에서 우리나라와 중국에서만 서식하는데 중국산 고라니는 멸종 위기에 처해 있다고 한다. 하지만 우리나라에는 최대 75만 마리가 살고 있고, 농작물에 피해를 주는 유해 동물로 지정되어 수렵도 허가된 상황이다. 우리나라에서는 비교적 흔한 종이지만 국제적으로 볼 때는 취약종에 지정되어 있는 차이를 보이기도 한다.

적색목록에서 준위협에 포함되어 있는 종들은 안경원숭이, 남부흰코뿔소, 아메리카들소, 수달, 재규어 등이다. 안경원숭이는 인도네시아 수마트라섬 일부와 필리핀의 일부에서 살고 있으며, 수달은 우리나라를 비롯하여 유럽과 북아프리카에 살며 우리나라에서는 멸종 위기 야생동물 I급이며, 천연기념물 제330호로 지정하여 보호하고 있다.

아프리카 초원에는 볼 수 있는 들개인 리카온은 6,600마리 정도가 서식하고 있다.

고라니는 우리나라에서는 수렵
도 가능한 야생동물이지만 국제
적으로 볼 때 '취약'에 분류된다.

적색목록에서 최소관심 대상에는 인간이 포함되어 있다. 최소관심이라고 해도 관심이 필요 없다는 것은 아니다. 9개의 등급 중 평가 자료가 부족한 종을 나타내는 DD 등급과 평가 작업을 거치지 않은 NE 등급을 제외하고 최소관심 등급은 평가된 종 중에서 가장 낮은 보존 등급이다. 인간은 70억 명이 넘지만 최소관심 등급인 것으로 인구수가 많고 멸종될 가능성도 적지만 그래도 최소한의 관심을 가져야 한다는 것이다. 최소관심 등급에는 혹등고래, 너구리, 늑대, 사막여우, 점박이하이에나, 멧돼지, 원앙 등이 포함되어 있다. 이중 늑대는 우리나라에서는 멸종되었지만 이것은 지

수달은 천연기념물 제330호이며 멸종 위기 야생생물 Ⅰ급이다. IUCN 적색목록에는 '준위협'으로 분류되어 있다.

역적인 문제이고 전 세계적으로는 개체 수가 많은 편이다. 또한 사막여우는 적색목록에는 최소관심 등급이지만 '멸종 위기에 처한 동식물 교역에 관한 국제 협약'인 CITES에서는 2종으로 분류되어 상업적 국제 거래 시 수출입국 정부의 허가증 제출을 요구하는 종이다. CITES는 1종, 2종, 3종으로 분류되며 여기에 분류된 모든 종들은 거래 시 일정한 관리와 규제를 받고 있다. 멸종 위기에 처한 동식물들은 모두 1종에 분류되어 있다.

6장

적색목록에 등재된 우리나라의 야생식물

적색목록에 기록된 생물 중 식물은 멸종 122종, 야생멸종 42종, 위급 4,674종, 위기 8,593종, 취약 8,459종, 준위협 3,181종, 최소관심 24,809종, 정보부족 4,090종 등 모두 53,970종이다. 이 중 멸종 위기종을 나타내는 위급, 위기, 취약은 21,726종이다. 전 세계 멸종 위기종 37,480종 중 식물이 약 58%를 차지한다.

우리나라에서 서식하고 있는 식물들도 적색목록에 등재된 종이 있다. 2016년 33종이 적색목록에 한꺼번에 등재되었다. 이는 우리나라 연구진이 연구와 조사를 거듭한 성공적인 결과였고, 적색목록에 등재되면 세계적인 관심과 보전 관리가 이루어진다. 기존에 우리나라 식물이 적색목록에 등재된 것은 2011년 구상나무(EN 등급)와 눈측백(VU 등급)으로 2종뿐이었다. 이번에 적색목록에 등재된 식물 33종은 다음과 같다.

적색목록 등재된 우리나라 야생식물

등급	종수	종명
위급(CR)	6	금강인가목, 조도만두나무, 등대시호, 섬시호, 섬노루귀, 제주고사리삼
위기(EN)	14	만리화, 물들메나무, 미선나무, 복사앵도, 이노리나무, 히어리, 개느삼, 금강초롱꽃, 꼬리말발도리, 나도승마, 노랑무늬붓꽃, 노랑붓꽃, 모데미풀, 한계령풀
취약(VU)	5	제주산버들, 삼도하수오, 섬잔대, 섬현호색, 어리병풍
준위협(NT)	1	세뿔투구꽃
최소관심(LC)	7	개회나무, 광릉골무꽃, 바늘엉겅퀴, 백부자, 솜다리, 참배암차즈기, 홀아비바람꽃

우리나라 특산 식물인 구상나무는 적색목록에 '위기' 등급, 눈측백은 '취약' 등급에 분류되어 있다.

이 식물들 중 우리나라 환경부에서 지정한 멸종 위기 야생생물은 나도승마(Ⅱ급), 노랑붓꽃(Ⅱ급), 백부자(Ⅱ급), 섬시호(Ⅱ급), 세뿔투구꽃(Ⅱ급), 제주고사리삼(Ⅱ급) 등 6종이다. 멸종 위기 야생생물 Ⅰ급에 11종, Ⅱ급에 77종이 지정되어 있지만 세계자연보전연맹 적색목록에는 6종만 등재된 것이다. 나머지 27종은 적색목록에는 등재되어 있지만, 환경부 멸종 위기 야생생물에 지정되어 있지 않다. 그것도 Ⅰ급에 지정된 11종은 적색목록에 한 종도 등재되어 있지 않다. 이것은 적색목록은 전 세계의 분포와 개체 수를 기준으로 정하고, 멸종 위기 야생생물은 우리나라에서의 분포와 개체 수 등을 조사해 정하는 차이 때문이다. 33종 중 이노리나무, 개회나무, 백부자를 제외한 30종은 우리나라에서만 서식하는 특산식물이다.

나도승마, 노랑붓꽃, 백부자, 섬시호, 세뿔투구꽃, 제주고사리삼은 모두 멸종 위기 야생생물 Ⅱ급이며 적색목록에도 등재되어 있다. 사진은 지리산에 피어 있는 세뿔투구꽃. © 국립생물자원관

적색목록에서 위급인 금강인가목은 북한 금강산에서만 자라는 한반도 특산식물이다. 1917년 미국의 식물채집가 어니스트 윌슨이 채취해 미국 하버드식물원으로 가져갔고 여기서 증식된 금강인가목이 영국 에든버러식물원으로 보내졌다고 한다. 하버드식물원에 있던 개체가 죽음으로써 살아 있는 금강인가목은 북한을 제외하면 에든버러식물원에서 볼 수 있는 것이 유일한 것이었다. 2010년 국립수목원이 에든버러식물원으로부터 분양을 받기로 했고 마침내 한반도에서 반출된 지 95년만인 2012년에 우리나라로 돌아왔다. 천연기념물 제43호에 지정되어 있다. 장미과에 속하며 줄기 속에 들어 있는 흰 부분을 가느다란 꼬챙이로 밀면 국수 가락처럼 나오기 때문에 금강국수나무라고 한다.

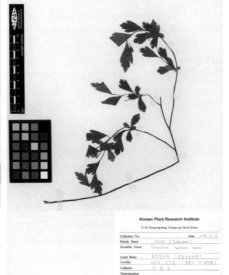

금강인가목은 적색목록에 '위급'으로
분류되어 있는 한반도 특산식물이다.
© 국립생물자원관

조도만두나무_Glochidion chodoense J. S. Lee & H. T. Im_는 전라남도 진도군의 조도라는 섬에서 처음 발견된 대극과 만두나무속에 속하는 나무라는 뜻에서 이름이 붙여졌다. 1994년 신종으로 보고되었으며 속명도 조도만두나무속이 되었고 열매가 만두를 닮은 우리나라 특산식물이며 희귀식물이기도 하다. 최대 크기는 5m에 달하며 잎에는 털이 많다는 특징이 있다. 학명에서 속명인 glochidion은 열쇠처럼 갈라진 손 모양의 가시라는 뜻이고, 종명인 chodoense는 섬 이름인 조도를 의미한다. J. S. Lee & H. T. Im은 처음 학계에 보고한 전남대학교 이정석 교수와 임형탁 교수를 나타낸다.

조도만두나무는 적색목록 '위급'에 등재되어 있는 우리나라 특산식물로 종명에 '조도'라는 이름이 들어가 있다. ⓒ 국립생물자원관

등대시호와 섬시호는 둘 다 산형과의 여러해살이풀이다. 산형과는 꽃대가 우산 살 모양으로 달리는 것이 특징인데 산형과의 대표 식물이 미나리여서 미나릿과라고도 한다. 등대시호는 등대를 닮은 시호라는 의미로 붙여진 이름인데, 여기서 등대는 배를 위해 불을 비춰주는 등대가 아니라 등잔을 받쳐주는 등잔걸이를 의미한다. 꽃이 피고 열매가 달리는 모습이 등잔걸이를 닮았다. 강원도 등 고산지대에서 서식하는 우리나라 특산식물이다. 섬시호는 울릉도 바닷가 숲 속에서 자라는 우리나라 특산식물로 멸종 위기 야생생물 Ⅱ급에 지정되어 있다. 울릉도에서만 자라는 시호 종류라는 의미를 가지고 있다.

등대시호와 섬시호는 모두 우리나라 특산식물로 적색목록 '위급'에 등재되어 있다. 사진은 울릉도에서 자생하는 섬시호. ⓒ 국립생물자원관

제주고사리삼 사진 © 국립생물자원관

섬노루귀 사진 © 국립생물자원관

섬노루귀_Hepatica maxima_는 미나리아재빗과의 높이 10~30cm 정도의 여러해살이풀로 울릉도에서만 자라는 우리나라 특산식물이다. 노루귀 종류의 식물은 심장 모양으로 갈라진 잎이 노루의 귀를 닮았기 때문에 붙여진 이름이다. 녹색의 잎은 광택이 있으며 가장자리에 털이 나 있다.

흰색을 띤 줄기 역시 긴 털이 많다. 4월에서 5월에 걸쳐 흰색에 가까운 연한 분홍색 꽃이 피는데 내륙으로 옮겨 심은 개체에서는 짙은 분홍색 꽃이 나기도 한다. 열매의 경우 처음에는 초록색과 흰색이 반반이지만 익어가면서 초록색 부분이 점점 검은색으로 바뀌게 된다.

제주고사리삼_Mankyua chejuense B. Y. Sun, M. H. Kim & C. H. Kim_은 고사리삼과 제주고사리삼속에 속하는 여러해살이 양치식물로 겨울에도 푸른색을 유지하고 있다. 잎 모양을 보면 양치식물처럼 보이지는 않지만 포자로 번식하는 양치식물로 제주에서만 서식하는 우리나라 특산식물이며 희귀식물이다. 분류학적으로 속 자체도 제주고사리삼속으로 1속 1종의 식물인 것이다. 학명에서 속명인 Mankyua는 식물학자인 고려대학교 박만규 교수를 기념하기 위해 붙인 것이고 종명 chejuense는 제주도를 의미한다. 뒤에는 B. Y. Sun(전북대학교 선병윤 교수), M. H. Kim(제주대학교 김문홍 교수) 등 우리나라 식물 연구자들의 이름이 붙어 있다.

1 선사시대에 멸종된 검치호랑이의 유전자를 복원하여 복제하는 데 성공했습니다. 이 검치호랑이를 자연에 방사한다면 생태계에 어떤 영향을 미칠지 생각해 봅시다.

....

....

2 여러분은 터널 공사 현장의 소장입니다. 막대한 비용을 들여 공사 중인 현장에서 멸종 위기 야생생물 II급인 표범장지뱀을 발견했습니다. 여러분이라면 어떤 결정을 내려야 할지 생각해 봅시다.

....

....

3 인간 역시 적색목록 최소관심 대상으로 지정되어 있습니다. 만약 인류가 더 상급의 멸종 위기 관리 대상이 된다면 종의 보존을 위해 법률로 결혼 및 임신을 강요해야 할 필요가 있을지 생각해 봅시다.

....

....

웃는올빼미는 높은 소리의 독특한 울음소리가 웃는 것처럼 들리기 때문에 붙여진 이름이다.

유럽인들이 뉴질랜드에 정착하면서 데리고 온 굴토끼의 수가 급격하게 늘어나자 그 수를 제어하기 위해 다시 족제비를 데려왔다. 뉴질랜드에 서식했던 웃는올빼미는 이 족제비들에 의해 사냥 당하면서 수가 줄기 시작했고, 1914년 여행비둘기의 운명과 같이 멸종되고 말았다. 지금 뉴질랜드의 북섬과 남섬에는 웃는올빼미와 비슷한 2종의 아종이 각각 살고 있지만 웃는올빼미와 같은 종은 아니다.

4 멸종 위기종이기에 귀하게 여기고, 그렇지 않은 종이기에 아무렇지 않게 죽여도 된다면 두 종의 생명의 가치는 다른 것일까요?

....

....

4부

생물은
왜
멸종할까?

1장

공룡 멸종에 관한 최고의 시나리오, 운석 충돌설

신카이 마코토 감독의 애니메이션 〈너의 이름은〉은 혜성의 조각이 떨어져 거대한 폭발을 일으키고 한 마을이 전부 폐허가 되어 사람들이 목숨을 잃지만, 서로 몸이 뒤바뀌는 주인공 남녀가 시간을 초월한 사랑을 통해 운명적으로 만나게 된다는 이야기를 그리고 있다.

혜성은 태양과 같이 큰 질량을 가진 천체 주위를 타원 또는 포물선 궤도를 도는 천체로 약 76년의 주기로 지구를 찾아오는 핼리 혜성 등이 유명하다. 혜성은 먼지와 얼음으로 되어 있는 핵과 태양에 접근하면서 드라이아이스와 암모니아 등으로 된 대기인 코마 그리고 이온과 먼지 등으로 된 꼬리를 가지고 있는데 태양 주위를 공전할 때 궤도에 남긴 고체 잔해물들이 유성체가 되어 지구에 떨어지기도 한다. 이런 유성이 비처럼 떨어지는 것을 유성우라고 한다. 유성체는 지구로 떨어지면서 대부분 대기 중에서 마찰에 의해 타버리지만 지구 표면까지 살아남을 경우 운석이 된다. 물론

신카이 마코토 감독의 애니메이션 〈너의 이름은〉은 혜성 조각이 떨어져 한 마을이 폐허로 변하는 내용을 담고 있다. © 미디어캐슬

혜성에서 만들어진 유성체뿐만 아니라 소행성에서 떨어져 나온 잔해물도 유성이 된다. 이러한 운석들이 지구 표면에 떨어져 대규모 폭발을 일으키기도 한다. 〈너의 이름은〉에서도 운석의 충돌로 마을이 폐허가 되고 거대한 호수가 만들어지는 모습을 보여주고 있다.

운석의 충돌은 실제로 지구상 여러 곳에서 일어났으며 공룡 멸종의 원인으로 거론되고 있다. 운석이 지구에 충돌하면 운석의 크기에 따라 운석 구덩이가 생기는데 지구상에는 약 150개의 운석 구덩이가 있다. 그중 멕시코의 유카탄반도의 '칙술루부' 운석구(또는

운석의 충돌은 지구의 일부 생물종을
멸종시킬 정도로 위협적이다.

충돌구)는 백악기말 공룡 멸종에 관한 운석 충돌설을 뒷받침하는 증거가 되고 있다. 또 미국 애리조나사막의 베링거 운석구도 유명하다. 5만 년 전 지름 약 30m에 무게 약 10만 톤의 운석이 떨어져 만들어진 것으로 추정되고 있다. 우리나라 강원도 양구군에 일명 '펀치볼'이라고 불리는 곳도 운석 충돌로 생긴 운석구이다.

운석이 지구에 충돌하면 어떤 일이 벌어질까? 칙술루브 운석구가 생겼을 당시를 상상해 보자. 중생대 백악기가 끝나고 신생대 제3기가 시작될 무렵인 6500만 년 전, 지름 10km나 되는 운석이 멕시코 유카탄반도에 떨어져 그동안 지구를 지배하고 있던 공룡이 멸종되었다. 공룡뿐만이 아니라 하늘의 익룡과 바다의 수장룡도 함께 멸종되었다. 운석의 충돌은 그 외 암모나이트와 같은 지구상의 전체 생물종에 영향을 미쳤으리라.

과학자들은 오랫동안 공룡의 멸종 원인으로 운석충돌설을 제안했지만 과학적인 근거가 없었다. 그런데 1980년 미국의 물리학자 루이스 앨버레즈(1968년도 노벨 물리학상 수상)와 그의 아들이자 지질학자인 월터 앨버레즈에 의해 운석충돌이 공룡 멸종의 원인임을 증명하는데 엄청난 진전이 이루어졌다. 앨버레즈 부자는 알프스 산맥의 남부에 위치한 이탈리아의 작은 마을을 탐사하면서 K-T 경계의 점토층 시료를 채취했다. K-T 경계란 백악기(Cretaceous)와 신생대 제3기(Paleogene)의 경계층이라는 의미이며 C-Pg 경계라고도 한다. K는 백악기를 뜻하는 독일어 Kreidezeit Tertiär의 K와 T는 신생대 제3기를 뜻하는 독일어 Tertiär의 T를 의미한다. 요즘은 주로 C-Pg 경계라고도 한다. 앨버레즈 부자는 C-Pg 경계층의 점토를 방사화학 분석법으로 분석한 결과 보통의 점토보다 30배가 넘는 이리듐(Ir)이 포함되어 있다는 사실을 알게 되었다. 이리듐은 지각에서 흔히 발견되는 원소가 아니라 운석이나 우주 먼지 속에 포함되는 원소다. 앨버레즈 부자가 채취한 점토에 이리듐이 많이 함유되어 있다는 것은 운석 충돌의 결과라고 생각할 수 있다. 운석의 충돌로 거대한 폭발이 일어났고 운석에서 분리된 이리듐이 전 세계로 퍼져 점토층에 포함되게 된 것으로 해석할 수 있다. 즉, 백악기 말 운석충돌이 공룡을 멸종시켰을 것이라는 결과라고 앨버레즈 부자는 발표했다. 이 이론을 '앨버레즈 가설'이라 한다.

운석충돌로 운석에서 분리된 이리듐이 지층에 포함되어 있다는 것
이 운석충돌설을 뒷받침하는 '앨버레즈 가설'이다.

　　하지만 이런 규모의 운석 충돌이라면 지구 어딘가에 충돌 흔
적이 있어야 한다. 분석된 이리듐의 함유량 정도라면 적어도 지름
10km 이상은 되어야 한다는 계산이 나왔는데 이 정도 크기의 운
석이라면 100km가 넘는 크기의 운석구가 생겨야만 한다. 그러나
그렇게 큰 운석구는 지구 어디에서도 발견되지 않았다.

　　그러던 중 1980년 멕시코 유카탄반도에서 운석구로 추정되는
지형이 발견됐다. 이 원형 지형은 1952년부터 알려져 있었지만 화

산으로 만들어진 것으로 알고 있었으며 운석구로 의심하지는 않았다. 하지만 운석구인 가능성을 열어놓고 지질조사를 한 결과 1991년 직경 10~14km의 운석이 충돌하여 생긴 운석구였으며 최외각 직경이 최대 195km에 이르는 것으로 밝혀졌다. 그렇다고 해도 이 운석 충돌이 공룡의 멸종으로 판명된 것은 아니다. 운석이나 소행성 또는 혜성의 충돌만으로는 공룡 멸종을 완전히 설명할 수는 없지만 그로 인해 화산과 지진이 일어나고 기후가 변하는 복합적인 작용이 공룡을 멸종으로 이끌었을 것이다.

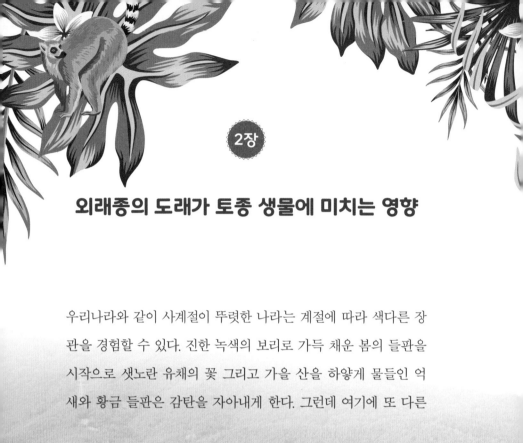

2장

외래종의 도래가 토종 생물에 미치는 영향

우리나라와 같이 사계절이 뚜렷한 나라는 계절에 따라 색다른 장
관을 경험할 수 있다. 진한 녹색의 보리로 가득 채운 봄의 들판을
시작으로 샛노란 유채의 꽃 그리고 가을 산을 하얗게 물들인 억
새와 황금 들판은 감탄을 자아내게 한다. 그런데 여기에 또 다른

색깔이 추가되었다. 바로 분홍색이다. 일명 '핑크뮬리(Pink muhly)'라고 하는 식물이 들어와 언젠가부터 관광명소에 한 곳 두 곳 핑크뮬리를 심기 시작했다. 지금까지 우리가 볼 수 없었던 분홍색 식물 군락지는 새로운 볼거리를 제공하고 있다.

핑크뮬리는 볏과 쥐꼬리새속에 속하는 여러해살이풀이다. 정식 명칭은 털쥐꼬리새로 우리말로는 분홍쥐꼬리새로 부른다. 볏과 식물의 특징은 열매가 달리는 이삭에 벼처럼 까끄라기가 있다. 작은 이삭들이 모여 큰 이삭을 만드는데 전체적으로 분홍색 또는 자주색을 띤다. 보통의 볏과 식물의 이삭이 녹색을 띠었다가 영글면 누렇게 변하는데 핑크뮬리의 이삭은 처음부터 분홍색으로 피기 때문에 관상용으로 일부러 심어 기른다. 도입 초기에는 지금까지 보지 못한 분홍 양탄자 같은 광경에 사람들은 마냥 신기해 했다.

식물 군락이 이루는 색깔은 보통 노란색, 녹색, 흰색 등이지만 분홍색 물결을 연출하는 핑크뮬리는 흔히 볼 수 없는 광경이다.

그러나 환경부 국립생태원은 2019년 12월 생태계 위해성 평가에서 핑크뮬리를 2급으로 지정하고 재배 자제 권고를 내렸다. 외래종의 위해성은 '외래 생물 등의 생태계 위해성 평가 방법 등에 관한 규정'에 따라 평가된다. 1급으로 지정된 생물은 수입, 유통, 재배 등이 금지되어 '생태계 교란 생물'로 관리된다. 2급으로 지정된 생물은 현재 위해성이 밝혀지지는 않았으나 위해를 줄 수도 있기 때문에 감시가 필요한 경우이며, 3급은 관리대상에서 제외되는 생물이다. 따라서 핑크뮬리가 보여주는 아름다운 풍경에 마냥 신기해하고 좋아할 수만은 없게 되었다. 여러 지자체에서 핑크뮬리의 처리를 고민하고 있으며 어떤 곳은 아예 핑크뮬리를 갈아엎기

핑크뮬리는 생태계 위해성평가에서 2급을 받아 재배 자제 권고가 내려졌고 일부 핑크뮬리 경작지는 갈아엎어졌다. ©경남도민일보

도 했다.

외래종의 도입 또는 도래로 기존의 생물이 영향을 받은 예는 셀 수 없이 많다. 우리나라만 해도 뉴트리아, 붉은귀거북, 황소개구리, 꽃매미, 큰입배스, 돼지풀, 도깨비가지, 가시박, 미국쑥부쟁이 등이 토종 생태계를 어지럽히고 있다. 환경부는 이런 생물들을 '생태계 교란 야생생물'로 지정하여 관리하고 있다. 생태계 교란 야생생물은 외국으로부터 인위적 또는 자연적으로 유입되거나 유전자의 변형을 통하여 태어난 유전자 변형 생물체 중 생태계의 균형에 교란을 가져오거나 가져올 우려가 있는 야생생물을 말한다.

현재 총 29종이 지정되어 있는데 포유류 1종(뉴트리아), 양서·파충류 4종(황소개구리, 붉은귀거북속 전종 등), 어류 2종(파랑볼우럭, 큰입배스), 갑각류 1종(미국가재), 곤충류 5종(꽃매미, 붉은불개미 등), 식물 16종(돼지풀, 미국쑥부쟁이, 환삼덩굴, 도깨비가지, 가시박 등)이다. 포유류, 양서·파충류, 어류, 곤충류는 살아 있는 생물체와 그 알을 포함하고, 식물은 살아 있는 생물체와 그 부속체(종자, 구근, 인경, 주아, 덩이줄기, 뿌리) 및 표본을 포함한다.

3장

우리나라의 대표적인 외래 동물들

나라와 나라 사이에 교류가 활발해지면서 동물과 식물도 유입되거나 유출되는 사례가 늘어나고 있다. 동물들은 주로 어떤 필요에 의해 인위적으로 도입되는 경우가 많은 반면 식물들은 그 특성상 씨앗이 수입 물품에 붙어 유입되는 경우가 많다. 필요에 의해 인위적으로 도입한 대표적인 종은 황소개구리, 파랑볼우럭, 큰입배스 그리고 뉴트리아로 식용으로 기르기 위해 외국에서 수입한 종들이다.

황소개구리는 우리나라 외래종의 대명사일 정도로 유명하다. 미국과 캐나다가 원산지며 크기가 크고 울음소리가 황소의 울음소리와 같기 때문에 지어진 이름이다. 영어 이름도 'bullfrog'다. 우리나라에는 1958년 국립진해양어장이 소수의 개체를 최초로 들여왔다. 하지만 황소개구리가 전국에 퍼지게 된 이유는 1973년 식용을 목적으로 일본에서 들여 온 황소개구리들을 이후 식용 수요가 줄어들자 저수지 등에 몰래 버리기 시작했기 때문이고, 급기

야 생태계를 교란하는 동물이 되고 만 것이다. 보통 토종 개구리보다 3~4배가 큰 황소개구리는 같은 양서류는 물론 천적인 뱀마저도 자신보다 덩치가 작으면 잡아먹는다. 한때 전 국민이 나서서 황소개구리 퇴치 작전을 펼치기도 했지만 지금은 황소개구리를 잡아먹는 너구리, 수달, 족제비, 왜가리, 오리 종류, 가물치, 메기 등의 활약(?)으로 개체수를 조절하는 데 성공했다.

파랑볼우럭은 검정우럭과의 민물고기인 불루길을 말하는데 월남붕어, 넓적붕어라고도 부른다. 아가미뚜껑 옆에 파란 점이 있어 'blue gil'이라는 이름이 붙었고 뺨이 파랗다는 의미로 파랑볼우럭이라고 한다. 북아메리카가 원산지이며 1969년 수산자원 증식과 단백질 공급 차원에서 일본을 통해 들여왔지만 수산자원으

외래종인 황소개구리가 뱀을 잡아먹는다는 보도는 생태계 먹이사슬의 역방향을 보여주는 충격적인 일이었다.

로 제대로 정착하지 못하고 민물의 생태계를 교란하는 골칫덩어리로 전락했다. 천적은 큰입배스, 메기, 가물치 등 대형 담수어지만 천적이 없는 곳에서는 상위 포식자로서 토종 물고기와 새우류를 초토화시키고 있는 무법자다.

큰입배스 또한 검정우럭과에 속하는 민물고기로 북아메리카 원산의 생태계 교란 어종이며 식용과 레저 목적으로 도입되었다. 몸길이 최대 60cm나 되는 대형 물고기로 파랑볼우럭을 포함하여 개구리, 갑각류, 물새나 작은 설치류 등을 잡아먹는다. 1973년 소득증대와 양식을 위해 치어를 미국에서 직접 공수해 왔으나 양식 사업이 정착하지 못했고 양식장을 탈출한 개체들이 전국으로 퍼져 나갔다. 왕성한 번식력과 식욕으로 생태계를 교란하는 주범이 되었다. 환경부는 황소개구리, 파랑볼우럭, 큰입배스를 1998년 최초로 생태계 교란 생물로 지정하며 관리하고 있다.

뉴트리아는 설치목 뉴트리아과의 포유류로 늪너구리라고도 한

수산자원으로 수입되어 우리나라에 들어온 파랑볼우럭은 이제 생태계에 유입되어 교란 야생생물이 되었다.

큰입배스도 양식장을 탈출하여 생태계에 유입되어 생대계 교란 야생생물이 되었다.

다. 가축으로 사육하며 식용과 모피를 목적으로 1980년 중반에서 1990년 초반 남미에서 들여왔다. 설치류를 식용으로 한다는 거부 감으로 성공을 거두지 못했고 사육장을 탈출하거나 방생된 개체 들이 급격히 증가하면서 생태계 교란종이 되었다. 칠레, 아르헨티 나, 브라질 등 남아메리카의 따뜻한 늪지대에서 번성한 것처럼 우 리나라에서는 낙동강 유역에 주로 서식하면서 점차 서식처를 확 장해가고 있다. 거대한 집쥐처럼 생겼고 습지의 어린 식물들 특히 벼와 같은 작물을 닥치는 대로 먹어치우기 때문에 생태계 교란이 심각한 실정이므로 환경부는 2009년 생태계 교란 야생생물로 지 정하였다. 지방자치 단체에서는 뉴트리아의 퇴치를 위한 적극적인 활동을 펼치고 있으며 계속해서 대책을 강구하고 있다.

설치류인 뉴트리아는 식용 목 적으로 수입했지만 왕성한 번 식력으로 퇴치해야 할 야생동 물로 골칫거리가 되었다.

4장

우리나라의 대표적인 외래 식물들

우리나라에 외래 동물들은 대부분 어떤 목적을 위해 인위적으로 들여오는 경우가 많다. 그 목적은 대개 식용이다. 뉴트리아를 비롯해 황소개구리, 파랑볼우럭, 큰입배스가 대표적이다. 하지만 인위적이 아닌 자연적으로 들어오는 외래 생물들도 많다. 특히 곤충의 경우는 목재를 비롯해 수입물품에 달라붙어 들어온 후 우리나라에서 부화하는 경우도 있고 날아서 오는 경우도 있다. 생태계 교란 야생생물 중 꽃매미는 1932년 우리나라 문헌상에 보고된 적이 있지만 이후 발견된 적이 없었다. 그런데 2004년 충남 천안에서 처음 발견되었고 이후 전국으로 급속하게 퍼지기 시작했다. 중국에서 들어온 것으로 추정되며 '중국매미'라고도 부른다. 이름에 '매미'가 들어가 있지만 우리가 생각하는 매미와는 다른 부류에 속한다. 나무들 특히 과일 나무에 피해가 큰 것으로 골칫덩이가 된 지 오래다.

식물의 경우는 수입 물품에 붙어 씨앗 상태로 들어오는 경우

돼지풀(왼쪽)과 단풍잎돼지풀(오른쪽)은 꽃가루 알레르기로 생태계 교란 야생생물이 되었다.

가 많다. 외래 식물의 대표 주자는 돼지풀이다. 북아메리카가 원산
지인 국화과의 여러해살이풀인데 한국 전쟁 당시 유입되어 전국
각지에 퍼지게 되었다. 번식력이 아주 강해 전국 어디서나 볼 수
있는 귀화식물이 되었다. 돼지풀이 생태계를 교란시키는 것도 문
제지만 꽃가루 알레르기를 일으키는 대표적인 식물이라는 것이
다. 영어 이름이 호그위드(Hogweed)인데 일본에서 그대로 부다쿠사
(豚草)라고 불렀고 우리도 일본 이름을 그대로 번역하여 돼지풀이
라 이름을 붙였다. 미국에서는 돼지풀을 래그위드(Ragweed)라고도
하는데 rag는 낡고 해진 천을 말한다. 그만큼 보잘 것 없고 고초열
(Hay fever)을 일으키는 풀이라 하여 붙여진 이름이다. 돼지풀과 함께
한국전쟁 당시 미국으로부터 유입된 것으로 단풍잎돼지풀이 있다.
돼지풀처럼 생겼지만 잎이 단풍잎을 닮아 단풍잎돼지풀이라는 이
름이 붙었다. 돼지풀과 단풍잎돼지풀은 식물로는 최초로 1999년
생태계 교란 야생생물로 지정되었다.

북미 원산인 미국쑥부쟁이는 버려진 곳에서도 잘 자라 땅을 녹색으로 덮어 주는 좋은 역할도 하지만 주변 다른 식물들에게 피해를 주기도 한다.

미국쑥부쟁이 또한 북미 원산지의 국화과 여러해살이풀로 1970년대 말 강원도 춘천시 중도동 일대에서 처음 발견되어 중도국화 또는 털쑥부쟁이라고도 부른다. 국화과에 속하고 꽃의 크기는 작지만 쑥부쟁이를 닮았고 북미에서 들어왔기 때문에 미국쑥부쟁이라는 이름이 붙었다. 이제는 전국에서 볼 수 있을 정도로 흔한 귀화식물이 되었다. 미국쑥부쟁이는 휴경 상태가 오래 되었거나 버려진 땅에서 특히 잘 자라며 굵고 짧은 뿌리줄기가 왕성하게 자라기 때문에 서식처를 점령하는 경우가 많다. 따라서 다른 식물들이 자라지 못하게 하여 뿌리째 뽑지 않으면 계속해서 새싹이 자라고 씨앗도 많아서 바람에 날리거나 사람의 옷이나 동물의 털에 잘 달라붙는다.

오래전부터 살아왔기 때문에 외래 식물이라고 할 수는 없지만 환삼덩굴은 삼과에 속하는 한해살이풀로 이름처럼 덩굴식물이다. 식물분류학적으로 보면 맥주의 원료로 쓰이는 호프(흡)와 가까운 종이다. 그래서 영어 이름도 아시안 호프(Asian hop)다. 맥주의 호프는 암꽃이 가지고 있는 루풀린(Lupulin)의 향기와 쓴맛을 이용하는 것이다. 환삼덩굴은 이렇게 활용도 뛰어난 호프와 아주 비슷하게 생겼지만 쓰레기 더미, 밭둑, 길가 곳곳을 점령하며 꽃가루 알레르기를 일으키기 때문에 생태계를 교란시키는 유해식물로 기피하는 식물이 되었다. 하지만 한해살이풀로 겨울이 되기 전에 말라죽고 혈압 강화약으로 이용하는 등 유용성도 있는 만큼 해만 끼친다고 볼 수 없는 식물이다.

도깨비가지는 가짓과에 속하는데 전체에 가시가 많이 나 있어서 줄기가 도깨비 방망이 같기에 도깨비라는 이름이 붙었다. 북아메리카 원산의 여러해살이풀로 번식력이 강한 뿌리줄기를 가지고 있고 가시 때문에 접근하기 힘든 탓에 제거하기도 어려워 생태계 교란 식물로 지정되었다. 왕성한 번식력과 서식처 장악으로 기존의 식물들의 성장을 방해하고 있는 것이다. 도깨비가지는 같은 가

식물 중 생태계 교란 야생생물로 지정된 종들은 외래종이 대부분이지만 환삼덩굴은 토착식물이면서 생태계 교란종이 되었다.

외래식물로 생태계 교란 야생생물로 지정된 도깨비가지(왼쪽)와 미국까마중(오른쪽).

짓과에 속하는 토종 식물인 까마중과 비슷하지만 식물체가 크고 가시가 많고 열매도 크다. 반면 까마중은 도깨비가지에 살 자리를 빼앗기고 있고 미국까마중에게도 밀려나고 있다. 미국까마중은 까마중과 아주 비슷하지만 꽃의 색깔이 분홍색을 띠고 있어 까마중과 구별할 수 있다.

외래식물 중에서 생태계 교란 종으로 향후 관심을 가져야 할 것이 가시박일 것이다. 가시박은 수박, 호박, 오이, 참외 등과 같이 박과에 속하는 한해살이 덩굴식물이다. 열매에 가시가 있어 가시박이라는 이름이 붙었다. 다른 박과의 식물들처럼 줄기의 마디에서 덩굴손이 나와 땅 위를 기기도 하고 다른 물체나 식물을 감고 올라간다. 촉촉한 곳에서 잘 자라기 때문에 하천변이나 습기가 있는 곳을 중심으로 왕성하게 뻗어나간다. 가시박은 주변식물의 광합성을 방해하고 다른 식물들의 성장, 생존, 생식에 영향을 생화학물질을 만들어 내는 타감작용이 있어 생태계를 교란하는 종으로 알려져 있다. 하지만 버려진 땅이나 인간이 파헤친 땅을 녹색의 잎으로 덮어주는 역할도 하기 때문에 전체 생태계를 위해 긍정적인 면도 고려해 보아야 할 것이다.

외래 식물이 들어와 기존의 식물들과 경쟁하며 살다가 안정적으로 자리를 잡고 귀화식물이 되는 경우도 많다. 동물도 마찬가지지만 식물도 인간의 의지와 달리 여러 가지 경로로 유입되고 있다. 식물은 동물에게 없어서는 안 될 식량이며 식물 또한 주어진 역할이 있다. 물론 새로운 식물이 들어왔을 때 생태계에 미치는 영향을 세심하게 따져 보아야겠지만, 생태계의 구성원들 사이의 경쟁과 조화도 생각해야 할 필요가 있는 것이다.

가시박은 열매에 가시가 있고 줄기의 덩굴손으로 다른 물체를 감고 타감물질을 분비해 생태계 교란 야생생물이 되었다.

인간들의 영향

야생생물들이 멸종되거나 멸종 위기에 처하는 원인은 수없이 많다. 운석이나 소행성 등 천체의 충돌, 화산 폭발에 의한 기후 변화, 빙하기 등등. 그러나 많은 원인 중 인간의 활동에 의한 영향 또는 만만치 않다. 인간이 지구상에 출현한 지 길게 잡아야 500만 년이다. 그동안 인간들은 직립보행과 도구의 사용으로 지구를 지배해왔다. 식량과 가죽, 땔감, 기름 등을 이용하기 위해 생물들을 인간이 주인인 것처럼 이용해왔다. 인간의 활동으로 야생생물이 멸종되거나 멸종 위기에 처하는 가장 큰 원인은 남획, 도시화, 경작지 확장이다. 항해술과 무기의 발달은 대항해 시대와 식민지 시대를 열었고 새로운 식민지가 만들어질수록 그 식민지의 토종 동식물들은 멸종의 길로 들어서게 되었다. 앞서 이야기한 도도와 스텔러바다소가 그 대표적인 예다. 우리나라의 호랑이와 독도강치(바다사자)도 마찬가지 운명이었다.

인간들이 야생 동물을 사냥하는 이유는 여러 가지다. 그중 가장 중요한 것은 식량이다. 식량의 문제는 모든 동물의 영원한 숙제다. 동물로 태어난 이상 다른 동물을 잡아먹거나 식물을 먹어야 한다. 대항해 시대가 되면서 유럽 사람들은 아메리카대륙, 아시아대륙, 아프리카대륙, 오세아니아대륙으로 식민지를 확장하기 시작했다. 배를 타고 많은 사람들이 항해를 하다보면 가장 필요한 것이 신선한 식량이다. 새로운 땅에 도착해서 외부인들이 하는 일도 식량을 확보하는 것이다.

콰가(Quagga)는 남아프리카 초원에 살았던 얼룩말 종류로 몸의 반쪽만 얼룩 줄무늬를 하고 있었다. 콰가는 육식동물이 접근해오면 '콰아 콰아' 소리를 질렀기 때문에 원주민들이 가축을 보호하

콰가는 고기와 모피를 위해 희생당하여 1858년 야생에서 멸종되었다. 사진은 런던동물원의 콰가 암컷으로 살아서 촬영한 유일한 표본이다.(1870년 촬영)

는 데 도움을 받았다. 그런데 네덜란드인들이 이주해오자 이들은 콰가의 고기와 모피를 노리고 사냥을 했고, 콰가는 성격이 온순해 도망가지도 않아 남획을 당하고 말았다. 1858년 야생에서 멸종되었고 1872년 대영박물관에서 사육하던 개체마저 죽고 말았다.

모아는 뉴질랜드에만 사는 조류로 마오리어로 '날지 못하는 새'라는 뜻이다. 크기에 따라서 여러 종의 모아가 있었는데 가장 큰 종은 자이언트모아로 키가 3.6m, 몸무게가 230kg 정도 되는 세계 최대의 조류였다. 당시 뉴질랜드에는 포유류가 없어 녹수리 이외는 천적이 없었다. 하지만 마오리족이 뉴질랜드에 이주하면서 서식처를 빼앗기고 사냥까지 당하게 되었다. 결국 대형종은 17세기말에, 소형종은 19세기에 완전히 멸종되고 말았다.

식민지를 개척하게 되면 당장 해결해야 할 식량과 장기적으로 필요한 경작지와 가축이 필요하다. 사람들에게 필요한 작물을 재배하고 가축을 기르려면 땅이 필요한 것이다. 그렇게 된다면 원래 그 땅에 서식하고 있던 동식물이 피해를 볼 수밖에 없다. 또한 농업이 발전하고 인구가 늘어나면 사람들이 살 곳이 더 필요하고 사람들이 많이 모여 살다보면 도시가 생기게 마련이다. 도시화가 진행되면 더더욱 그곳에 살고 있던 생물들은 살 곳을 잃게 된다. 인간과 마찬가지로 다른 동식물들도 지구를 삶의 터전으로 삼고 있는데, 인간이 살기위해 다른 생물들이 멸종된다는 것은 분명 문제가 있는 것이다.

'날지 못하는 새'라는 뜻을 가진 세계 최대의 조류 모아는 서식처를 빼앗기고 사냥으로 결국 멸종되었다. 사진은 20세기 초 모아의 사냥을 재현한 모습.

1 지질 시대를 거치는 동안 5대 멸종이 있었고, 그중 제3차 멸종은 '지구판 포맷'이라고 부를 정도의 대규모 멸종이었습니다. 만약 지구에 제6차 멸종이 이런 규모로 일어난다면 어떤 원인에 의한 것일지 가설을 세워 보고 멸종을 막을 수 있는 방법도 생각해 봅시다.

....

....

2 만약 다른 지역으로 거주지를 옮기는 과정에서 미지의 바이러스를 자신도 모르게 같이 옮기게 되어 특정 종의 멸종을 초래했다면 이에 대해 어떻게 보상을 해야만 할까요?

....

....

3 복제나 이종 교배를 통해 멸종된 동식물을 복원하려는 노력이 있습니다. 그런데 이렇게 복원된 동식물은 진짜 그 종의 부활이라고 봐도 될까요? 그 종과 닮은 다른 종을 만들어낸 것은 아닐까요?

....

....

검투사와의 대결로 멸종한 바바리사자

사자하면 보통 용맹함이 떠오른다. 그중에서도 가장 용맹하다고 평가되는 사자가 바바리사자이다. 바바리사자는 모로코와 이집트 바바리 지방에 서식했던 사자의 아종인데 현재 사자는 바바리사자를 비롯하여 북동부콩고사자, 서남아프리카사자, 트란스발사자, 마사이사자, 아시아사자, 세네갈사자, 케이프사자 등 8종의 아종이 알려져 있다. 바바리사자는 그 용맹함 때문에 로마제국시대 콜로세움 경기장에서 검투사들과 싸우게 되었고 사람들은 검투사와 바바리사자의 싸움을 스포츠로 즐겼다. 이렇게 희생되기 시작한 바바리사자는 1922년 야생에서는 멸종되고 말았다.

4 인간들의 유희 때문에 멸종된 동식물들은 생존 경쟁에서 탈락한 것일까요?

....

....

5부

멸종을
막으려면?

멸종에서 살아남는 생물들

지질시대를 보면 가장 최근의 대량 멸종은 백악기 멸종으로 6500만 년 전의 일이다. 이때 유명한 것이 공룡이 멸종한 것이다. 운석충돌 등 여러 가지 원인으로 공룡이 멸종할 때 살아남은 생물들이 있다. 지구 전체를 지배했던 무시무시한 공룡도 멸종하는데 살아남다니 무슨 특별한 능력이라도 가지고 있는 걸까요? 공룡 멸종의 틈에서 살아남은 대표적인 생물은 오리너구리, 실러캔스, 은행나무, 메타세쿼이아 등이다.

오스트레일리아 동부와 태즈메이니아에 사는 오리너구리는 아마도 세상에서 가장 신비한 동물 중 하나일 것이다. 오리 부리를 닮은 주둥이, 비버와 닮은 꼬리, 수달을 닮은 물갈퀴를 하고 있어 1700년대 후반 오리너구리의 표본을 본 사람들은 누구나 세상에 없는 동물을 만든 것이라고 생각했다. 게다가 새끼를 낳는 것이 아니라 알을 낳고 그 알이 부화되어 새끼가 태어나고 어미의 젖샘에서 분비되는 젖을 먹고 자란다. 최종적으로 정해진 학명

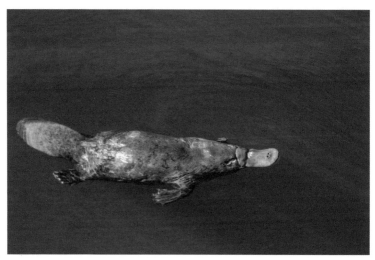

오리의 부리, 비버의 꼬리, 수달의 물갈퀴와 같은 신체 구조를 한 오리너구리는 특유의 적응 능력을 가지고 있다.

도 오르니토린쿠스 아나티누스*Orinithorynchus anatinus*인데 오르니토린쿠스는 '새의 주둥이'라는 뜻이고, 아나티누스는 '오리를 닮은'이라는 뜻을 가지고 있다. 오리너구리는 낮은 기온에서는 단열 및 방수가 뛰어난 털을 가지고 있고, 둥글고 넓은 꼬리에 지방을 비축하고 있고, 물속에서 물갈퀴를 펴고 땅위에서는 접을 수 있고, 다른 포유동물에 비해 낮은 체온(약32℃)을 가지고 있는 등 환경에 적응할 수 있는 여러 가지 요인으로 지금까지도 종을 유지하며 살고 있는 것으로 생각된다.

실러캔스는 턱이 있는 물고기로서는 가장 오래되었지만 공룡이 멸종되기 1000만 년 전에 이미 멸종된 것으로 알려져 있었다.

3억 7500만 년 전에 지구에 출현한 이 물고기는 1938년 남아프리카공화국 이스트런던의 동해안에서 산 채로 발견되었다. 실러캔스(Coelacanth)는 그리스어로 '속이 빈 등뼈'라는 뜻이다. 1952년에는 인도양에 위치한 코모로 공화국에서 다시 채집되었고 인도네시아 연안에서도 살아있는 개체가 발견되었다. 그래서 실러캔스는 '살아 있는 화석'의 대명사가 되었다. 그 이전에는 화석으로만 발견되었었는데 아직도 살아 있다는 의미이다. 실러캔스는 다른 어류처럼 알을 낳지 않고 몸속에서 부화한 다음 새끼를 낳는 난태생이며, 전기 신호를 감지하는 기관이 주둥이 부근에 있어 개체들 사이에 의사소통을 하는 것으로 알려져 있다. 또한 에너지를 많이 하지 않는 생활 방식과 소식을 하며 물의 흐름을 잘 이용하고 차가운 물속에서 생명 활동을 위한 에너지 분배하는 것으로 보아 대량 멸종에서도 살아남았을 것으로 생각된다.

이미 멸종된 것으로 생각했던 실러캔스가 살아 있는 채로 발견되어 '살아 있는 화석'의 대명사가 되었다.

은행나무는 식물 분류상 강, 목, 과, 속, 종에 1종만 있는 신기한 식물로 생명을 이어가고 있다. 사진은 강원도 원주시 문막읍 방계리의 은행나무로 천연기념물 제167호에 지정되어 있다.

우리나라의 가을을 노랗게 물들이는 은행나무는 2억 7000만 년 전의 화석이 발견된 정도로 지구상에서 오랫동안 살고 있는 식물이다. 은행나무는 식물분류학상 특이한 존재다. 겉씨식물문, 은행나무강, 은행나무목, 은행나뭇과에 속하며, 고생대 말에 출현해서 12종이 있다고 알려져 있으나 지금은 1종만이 남아 있다. 우리 집 앞에 있는 은행나무가 '살아 있는 화석'이며 지구상에 유일한 종이라는 것이 신기하지 않은가? 은행나무는 1000년을 넘게 살 정도로 장수하는 나무로 유명하다. 경기도 양평군 용문사의 은행나무는 1100살이 넘은 것으로 추정되며 천연기념물 30호로 지정, 보호하고 있다. 은행나무가 장수하는 비결을 연구하는 과학자들은 나이가 들어도 노화 관련 유전자의 발현이 늘어나지 않고 세포분열 속도가 느려진다는 것을 밝혀냈다. 또한 나이가 들어도 병균이나 기후변화와 같은 외부의 스트레스에 대항하는 저항력이

화석만으로 알려져 있던 메타세쿼이아가 중국에서 자라고 있는 것이 발견되어 '살아 있는 화석'으로 부르게 되었다. 사진은 전북 진안군 메타세쿼이아 길.

떨어지지 않는다고 한다. 30년 된 은행나무나 1000년 된 은행나무나 같은 수준의 저항력을 지니고 있어 공룡이 멸종하는 것을 지켜보며 지금까지도 종을 이어가고 있다.

터널처럼 길게 이어지는 가로수 길에 빼놓을 수 없는 나무가 메타세쿼이아다. 계절에 따라 가로수 터널의 색깔도 달라진다. 메타세쿼이아는 낙우송과 낙엽침엽수로 높은 키에 아름다운 수형을 자랑하며 가로수로 널리 심는다. 메타세쿼이아라는 이름은 속명 Metasequoia를 그대로 읽은 것이다. 중국 양쯔강 상류 지역인 쓰촨성과 후베이성에서 처음 발견되었는데, 그 전에는 화석으로만

알려져 있었다. 따라서 은행나무, 소철 등과 함께 '살아 있는 화석'
으로 불린다.

세쿼이아(Sequoia)는 낙우송과의 한 속명인데 북아메리카에 자라
는 레드우드(미국삼나무라고도 함)같은 나무이며 인디언 추장의 이름을
기리기 위해 붙였다고 한다. 중국에서는 물가에 잘 자라는 소나무
또는 삼나무라 하며 '수송(水松)' 또는 '수삼(水杉)'이라고 한다. 메타
세쿼이아는 35m나 되는 높은 키에도 강풍에 끄떡없이 살아가는
것은 군락을 이루고 있고 뿌리끼리 서로 단단하게 얽혀 있기 때문
이다. 그래서 메타세쿼이아는 방풍수로도 심는다.

멸종을 피하려는 눈물겨운 노력들

한여름 뙤약볕에서도 줄기차게 울어대는 매미소리를 들어 보았을 것이다. 밤이 되어도 그칠 줄 모르는 매미는 왜 그렇게 울어대는 것일까? 이유는 단 한 가지다. 바로 번식이다. 우리나라에서 흔히 볼 수 있는 참매미와 유지매미는 땅속에서 5년 동안 애벌레 생활을 하다가 날개돋이를 한 후 길게는 한 달, 짧게는 7일 정도 산다. 이때 매미들은 짝을 만나 짝짓기를 하고 알을 낳고 죽는다. 알에서 깨어난 애벌레는 땅속으로 들어가 5년을 살다가 날개돋이를 하여 세대를 이어간다. 세상의 모든 매미들은 이러한 과정을 거쳐 한살이를 마감한다. 그런데 미국에는 '13년매미'와 '17년매미'라는 독특한 이름의 매미가 살고 있다. 13과 17이라는 숫자는 한살이 기간을 말하는데, 13년매미는 알에서 깨어나 죽을 때까지 13년이 걸리고, 17년매미는 17년이 걸린다는 뜻으로 이름이 붙여진 것이다. 이런 매미를 흔히 '주기 매미'라고 한다.

그런데 왜 하필 13과 17일까? 이것은 연구 결과 소수와 관계

13년매미 또는 17년매미와 같은 주기 매미의 출현은 수학의 소수와 연관이 있는 것으로 설명된다. 사진은 이제 막 날개돋이를 한 17년매미.

우리나라에서 흔히 볼 수 있는 참매미(왼쪽)와 유지매미(오른쪽)는 5년 주기로 우화한다.

매미번식(년) / 천적번식(년)	2	3	4	5	6	7	8	9	10	11	12	13	14	15	16	17
2	2	6	4	10	6	14	8	18	10	22	12	26	14	30	16	34
3	6	3	12	15	6	21	24	9	30	33	12	39	42	15	48	51
4	4	12	4	20	12	28	8	36	20	44	12	52	28	60	16	68

〈주기 매미가 나오는 시기와 천적이 나오는 시기를 비교하는 그래프〉

가 있는 것으로 알려졌다. 매미는 천적이 많다. 박쥐, 다람쥐와 같은 포유류, 올빼미와 같은 조류, 도마뱀과 같은 파충류뿐만 아니라 양서류와 곤충 심지어 물고기도 매미를 잡아먹는다. 이런 매미는 종족을 보존하기 위해 천적을 피하는 방향으로 진화해야 했다. 그것은 같은 종이 한꺼번에 날개돋이를 하는 것이다. 땅속에 있다가 13년매미는 13년마다, 17년매미는 17년마다 세상에 나오면 일부가 천적에게 잡아먹히더라도 종족을 보존할 수 있는 것이다. 그런데 예를 들어 10년마다 나오는 매미가 있다고 하자. 이 매미의 천적이 2년 주기로 나타난다면 이 10년매미는 나올 때마다 천적과 만나게 된다. 13년매미라면 26년이 되어야 천적과 만나게 되고, 17년매미라면 34년이 되어야 만나게 된다. 천적의 주기가 4년이라면 10년매미는 20년, 13년매미는 52년, 17년매미는 68년이 되어야 만나게 된다.

여러분이 이런 주기 매미라면 몇 년 주기를 선택할 것인가? 13년이나 17년을 택하지 10년을 택하지는 않을 것이다. 13과 17은 소수다. 소수란 '1과 자기 자신으로만 나누어떨어지는 수'다. 5년, 7년, 13년, 17년 주기로 나오는 매미는 있어도 10년, 12년, 14년, 16년, 18년 주기로 나오는 매미는 없다. 매미가 소수를 알다니 기가 막히지 않은가! 이것이 바로 매미가 멸종을 피하면서 종족을 보존하는 방법이다.

동물은 이름에서도 알 수 있듯이 움직이지 않으면 먹고 살 수가 없다. 초식동물들은 풀이나 나뭇잎이 있는 것으로 가서 먹어야 하고, 육식동물들은 초식동물들을 잡아먹지 않으면 안 된다. 그래서 동물들은 먹고사는 데 적합한 무기를 몸에 지니고 태어난다. 이빨, 발톱, 부리, 뿔, 엄니 등과 같은 부속 기관은 물론 시각, 청각, 후각 등의 감각기관도 무기가 될 수 있다. 또한 가시 같은 털이나 독도 엄청난 무기다. 맹수들이 가지고 있는 이빨, 발톱, 부리 등은 공격 무기고, 초식동물들이 가지고 있는 뿔, 엄니 등은 방어용 무기다. 호랑이의 송곳 같은 이빨과 발톱은 초식동물의 목덜미를 물고 목숨을 끊고 고기를 찢어먹기에 적합한 무기다.

동물의 이빨, 발톱, 부리, 뿔, 엄니 등은 생존, 더 나아가 멸종을 막을 수 있는 무기가 된다.

소는 위 앞니가 없는데 필요 없는 부분은 과감하게 없애고 필요한 부분인 위를 보강하는 것으로
생존과 직결된 자원의 분배라고 할 수 있다.

초식동물의 대표 격인 소는 질긴 풀을 씹기에 적합한 어금니
를 가지고 있다. 소화가 잘 안 되는 풀을 소화시키기 위한 위도 4
개씩이나 가지고 있다. 하지만 상대적으로 필요성이 덜한 앞 윗니
는 없다. 앞 아랫니로 풀을 끊어 위에 저장한 다음 안전한 시간과
장소에서 다시 입으로 꺼내 어금니로 되새김질을 하는 것이다. 대
신 소는 뿔을 가지고 있어 육식동물들의 공격에 맞선다. 동물의
몸은 살아가기에 적합하도록 자원을 배분해 각종 기관을 만드는
것이다. 따라서 육식동물인 호랑이도 초식동물의 소도 각자 가지
고 있는 무기는 멸종을 피하고 종족 보존을 위해 필요한 독특한
도구인 셈이다.

생물체가 각자 자신의 무기를 가지고 있는 것은 식물도 마찬가지다. 독성물질, 타감물질, 가시, 털, 포충낭, 끈끈한 분비물 등이 식물이 가진 무기다. 꽃의 모양이 투구를 닮아 투구꽃이라고 이름이 붙여진 미나리아재빗과의 식물은 뿌리에 강한 독성물질을 가지고 있다. 아코니틴이라고 하는 독성물질은 옛날에 사약을 만드는 재료로 쓰이기도 했다. 화살촉에 묻혀 독화살을 만들 때도 투구꽃의 독을 주로 이용했다. 독성물질은 양을 조절하여 쓰면 되듯이 약용으로 많이 이용된다. 대체로 미나리아재빗과와 미나릿과

투구꽃의 독성물질은 자신을 보호하기 위해 가지고 있는 것이다. 투구꽃의 독성물질은 사약을 만드는데도 이용되었다.

소나무는 다른 식물들이 자라는 데 방해하는 타감물질을 분비한다.

선인장 가시는 잎이 변해서 된 것으로 수분 증발을 막고 자신을 먹는 동물을 막아준다.

의 식물들이 독성물질을 많이 가지고 있다. 하지만 식물의 입장에서 독성물질은 자신을 보호하기 위해 애써서 만든 무기다.

타감물질도 생물체가 생명 활동을 통해 만드는 화학물질로 이런 물질을 분비하여 주변의 다른 생물체의 성장과 생식 등에 영향을 미치게 된다. 특히 식물의 타감물질은 2차 대사산물로 외부 생명체에 대한 방어에 사용되기도 한다. 우리가 흔히 소나무숲에 있으면 상쾌한 기분을 느낄 수 있는데 이것은 소나무가 피톤치드라는 화학물질을 발산하기 때문이다. 우리 인간에게는 삼림욕을 제공해주지만 다른 식물들에게는 생육 저하 등을 일으켜 소나무숲에서 다른 식물들이 잘 자라지 못한 경우가 많다. 이것은 크게 보아서 멸종에 맞서 종족을 보존하려는 소나무의 생존 전략이다. 자신이 살고 있는 서식지를 다른 식물들이 함부로 들어오지 못하게 하면서 씨앗을 만들어 퍼뜨리는 것이다. 소나무는 자신의 씨앗마저도 자신의 그늘에서 자라지 못하도록 한다. 가능하면 자신과 멀리 떨어져 자리를 잡길 바라는 것이다. 그래서 소나무의 씨앗에는 날개가 달려 있어 바람을 타고 멀리 날아갈 수 있는 것이다.

식물의 가시 또한 멸종을 막기 위한 생존 전략이다. 가시는 식물의 일부가 뾰족한 형태로 변해 다른 식물이나 동물에게서 자신을 보호하고 서식처의 자연 환경에 적응하기 위해 만들어지는 것으로 알려져 있다. 가시를 가지고 있는 대표적인 식물이 선인장인데, 선인장의 가시는 잎이 변해서 된 것으로 자신을 먹는 동물들이 함부로 접근하지 못하게 하면서도 물이 부족한 사막지대에서

식물의 가시는 자신을 보호하기 위한 무기다. 탱자나무의 가시(왼쪽), 지느러미엉겅퀴의 가시(오른쪽).

수분 증발을 최소화하기 위해 잎이 뾰족한 가시처럼 변한 것이다.

　선인장의 가시는 잎이 변해서 된 것이지만 장미의 가시는 나무껍질이 변해서 된 것이다. 또 탱자나무의 가시는 줄기나 가지가 변해서 된 것으로 가시가 생기는 것도 여러 가지 종류가 있다. 잎이 변한 가시는 엽침, 나무껍질이 변한 가시는 피침, 줄기가 변한 가시는 경침이라고 한다. 엽침이나 피침은 잎이나 껍질이 잘 떨어지는 것처럼 가시도 손으로 떼면 잘 떨어지지만 경침은 가지나 줄기가 잘 떨어지지 않는 것처럼 떼려 해도 잘 떨어지지 않는다. 식물이 몸에 가시를 만드는 이유는 자기 자신을 보호하며 생존하기 위해 자원을 배분하여 무기로 만든 것이다. 엉겅퀴 같은 풀의 잎에는 잎의 톱니가 변해서 된 가시가 있는데 이런 경우는 잎의 일부

민들레 씨앗의 깃털은 낙하산처럼 바람에 잘 날린다.

가 가시로 변한 것으로 잎과 가시가 공존하는 것이다. 이것은 곤충으로부터 잎을 보호하기 위한 형태의 변형이다. 며느리밑씻개의 줄기에도 가시가 있는데 이는 털이 변해 날카로운 가시가 된 것으로 역시 자신을 보호하기 위해 만들어진 것이다.

식물의 털 역시 자기 자신을 지키고 멸종을 피하기 위해 만든 무기이기도 하고 도구다. 동물의 털이 추위부터 자신을 보호하고 뜨거운 직사광선이나 해로운 자외선을 막아주기도 하는 것처럼 식물의 털도 마찬가지다. 식물의 털은 뿌리, 줄기, 잎, 열매, 씨 등 여러 부위에 털을 가지고 있는 것들이 많다. 뿌리에 난 털은 흙속에서 영양분을 흡수하는 아주 중요한 기능을 하기도 한다. 줄기에 난 털은 자신의 잎이나 줄기를 먹는 애벌레들이 이동하는 것을 방

진득찰보다 몸 전체에 털이 많은 털 진득찰은 몸을 보호하는 역할을 한 다.

해하며 잎이나 열매에 난 털은 보온 이나 수분의 포집 기능을 하기도 한 다. 씨에 난 털은 씨가 바람에 잘 날 리게 하기도 하고 동물의 몸에 달라 붙어 멀리 퍼질 수 있는 기능을 가 지고 있다. 정리해 보면 식물의 털은 천적인 애벌레의 이동 방해, 보온, 수분 포집, 방수, 씨앗의 산포 등 생 존과 직결되어 있음을 알 수 있다.

또한 식물의 털은 종을 구분하 는 역할을 하기도 한다. 식물의 전체 나 특정 부위에 털이 있는지에 따라 본종과 구별하여 다른 종임을 알 수 있다. 국화과 식물 중 진득찰이라는 풀이 있는데 진득찰과 흡사하지만 몸 전체가 털이 더 많은 풀은 털진 득찰이라고 하는 다른 종이다. 털이 유난히 많은 식물은 이름에 '털'이나 '솜'이라는 말이 들어가 있다. 양지꽃 과 비슷하지만 털이 많은 것은 솜양 지꽃이라고 한다. 흔히 에델바이스 라고 하는 '솜다리'도 몸 전체에 털

끈적끈적한 점액을 분비하여 곤충을 잡는 끈끈이주걱(왼쪽)과 잎이 변해서 된 통으로 곤충과 동물을 잡는 벌레잡이통풀(오른쪽).

이 많은데 고산지대에서 사는 풀인 만큼 보온에 특히 중요한 역할을 한다. 이른 봄이면 잎보다 먼저 크고 하얀 꽃을 피우는 목련은 꽃이 피기 전 꽃망울이 털로 덮여 있는 것을 볼 수 있다. 이 털로 추운 겨울을 날 수 있었기 때문에 아름다운 꽃을 피울 수 있었던 것이다.

육식 동물이 가진 무시무시한 무기인 이빨처럼 엄청난 무기를 가지고 있는 식물도 있다. 식물은 대개 움직이지 않고 한 자리에 고정되어 있으면서 광합성을 통해 영양분을 만들어 살아간다. 광합성은 식물의 잎에서 햇빛을 받아 물과 이산화 탄소를 이용해 포도당이라는 영양분을 만드는 과정으로 식물이 살아가는 데 필요한 아주 중요한 일이다. 이렇게 만든 영양분을 초식동물이 먹으면서 동물들도 살아갈 수 있는 것이다. 그런데 서식 환경이 광합성을 하기에 충분하지 못한 곳에서는 식물도 동물을 잡아먹는 일이 일어난다. 이런 식물을 식충식물이라고 한다. 식충식물들은 대개 습지에 많이 서식하는데 습지는 항상 젖어 있고 낙엽이 쌓여도 잘 썩지 않는다. 그래서 이곳에 사는 식물들은 자신에게 필요한 인과 무기질이 부족하다. 이 부족한 영양분을 곤충이나 작은 벌레를 잡아 보충하는 것이다. 식충식물들이 곤충을 잡는 방법은 여러 가지다. 먹이를 잡을 수 있는 주머니가 있거나 열었다 닫았다 할 수 있는 특수한 잎이 있거나 끈끈한 점액을 분비하는 선모를 가지고 있다. 먹이를 잡을 수 있는 주머니는 포충낭이라고 하는데 벌레잡이통풀과 같은 식물들이 포충낭을 가지고 있다.

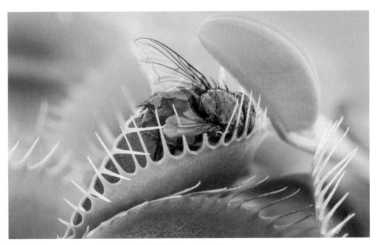

2장의 잎을 벌렸다 오므렸다 하면서 곤충을 잡는 파리지옥.

포충낭은 잎이 변해서 주머니 모양이 된 것으로 벌레잡이통풀 종류나 통발 종류가 포충낭을 가지고 있다. 포충낭은 곤충이 한번 들어오게 되면 다시 나갈 수 없는 구조로 되어 있고 포충낭에 소화액을 분비하여 곤충을 서서히 소화시키는 것이다. 파리지옥과 같은 식물은 포충엽이라고 특수한 잎을 가지고 있는데 평소에 잎을 벌리고 있다가 적당한 먹이가 들어오면 포충엽을 닫아 곤충을 잡아버린다. 2장의 잎이 조개껍데기처럼 생겼는데 그 잎 안에 작은 감각모가 있어 이것을 들어온 곤충이 건드리면 양 잎이 순식간에 닫힌다. 그리고 소화액을 분비하여 녹인 다음 양분을 빨아먹는다. 파리와 같은 곤충은 한번 잡히면 절대 빠져 나올 수 없는 지옥인 셈이다. 따라서 포충낭이나 포충엽은 곤충과 벌레를 잡을 수 있는 어마어마한 무기가 되는 것이다. 어떤 식충식물은 아름다운 꽃이나 이슬방울처럼 보이는 액체로 곤충을 잡아먹기도 한다. 끈끈이주걱과 같은 식충식물은 선모에서 분비되는 끈적끈적한 액체로 날아온 곤충을 꼼짝 못하게 한 다음 소화액을 분비하여 소화시킨다.

식충식물들은 자신의 서식지를 바꿀 수는 없고 광합성만으로는 양분이 부족한 단점을 곤충을 잡아 해결하기 위해 곤충을 잡을 수 있는 무기를 하나씩 장착하게 된 것이다. 이 또한 멸종을 피하면서 종족을 보존하는 강력하고도 무시무시한 생존 전략인 셈이다.

멸종 위기 야생생물의 보호와 관리

멸종 위기에 처한 야생생물은 정해진 법률에 의해 보호와 관리를 받고 있다. '야생생물보호 및 관리에 관한 법률'로 줄여서 야생생물법이라고 한다. 이 법률은 야생생물의 멸종을 예방하고, 생물의 다양성을 증진시켜 생태계의 균형을 유지함과 아울러 사람과 야생생물이 공존하는 건전한 자연환경을 확보하기 위해 제정되었다. 이 법률에서 '야생생물'이란 산, 들 또는 강 등 자연 상태에서 서식하거나 자생하는 동물, 식물, 균류, 지의류, 원생생물 및 원핵생물의 종을 말한다. 또한 '멸종 위기 야생생물'이란 멸종 위기 야생생물 I급과 II급에 해당 하는 종으로 관계 중앙 행정 기관의 장과 협의하여 환경부령으로 정하는 종을 말한다. '국제적 멸종 위기종'은 멸종 위기에 처한 야생동식물의 국제 거래에 관한 협약 즉, CITES에 따라 국제 거래가 규제되는 생물로서 환경부장관이 고시하는 종을 말한다.

야생생물을 보호하고 이용하는 기본 원칙도 법률로 정해져 있

각 나라는 멸종 위기에 처한 야생동식물의 국제 거래에 관한 협약(CITES)을 지키는 것이 중요하다. © CITES

다. 즉, 야생생물은 현세대와 미래세대의 공동 자산임을 인식하고 현세대는 야생생물과 그 서식 환경을 적극 보호하여 그 혜택이 미래세대에게 돌아갈 수 있도록 해야 한다. 또한 야생생물과 그 서식지를 효과적으로 보호하여 야생생물이 멸종되지 않고 생태계의 균형이 유지되도록 해야 한다.

국가, 지방자치단체 및 국민 야생동물을 이용할 때는 야생생물이 멸종되거나 생물다양성이 감소되지 아니하도록 하는 등 지속 가능한 이용이 되도록 해야 한다고 명시되어 있다. 따라서 멸종 위기 야생생물의 포획, 채취 등은 법률로 엄격하게 정해져 있다. 누구든지 멸종 위기 야생생물을 포획, 채취, 방사, 이식, 가공, 유통, 보관, 수출, 수입, 반출, 반입, 죽이거나 훼손해서는 안 된다. 가공, 유통, 보관, 수출, 수입, 반출, 반입의 경우에는 죽은 것을 포함한다. 다만 여러 가지 이유로 환경부장관의 허가 받은 경우에는 예외다. 예를 들어 학술 연구 또는 멸종 위기 야생동물의 보호, 증식 및 복원을 목적으로 사용하는 경우다.

또한 등록된 생물자원 보전시설이나 생물자원관에서 관람용, 전시용으로 사용할 경우, 공익사업의 시행 등으로 인가, 허가를 받은 사업의 시행을 위해 이동 또는 이식이 불가피한 경우, 질병의 진단, 치료 또는 예방을 위해 중앙 행정 기관의 장이 환경부장관에게 요청한 경우, 대통령령으로 인공 증식한 것을 수출, 수입, 반출 또는 반입한 경우와 야생동물 보호에 지장을 주지 않는 범위에서 환경부령으로 정하는 것은 예외로 한다. 다만 인체에 급박한 위해를 끼칠 우려가 있어 포획하는 경우, 질병에 감염된 것으로 예상되거나 조난 또는 부상당한 야생생물의 구조, 치료 등이 시급하여 포획한 경우, 관계 법령에 따라 포획, 채취 등의 인가, 허가 등을 받은 경우 등도 예외다. 허가를 받고 멸종 위기 야생동물을 포획, 채취 등을 할 때는 허가증을 지녀야 하고, 그 결과를 환경부 장관에게 신고해야 한다.

야생생물법은 법령에서 정하는 법률을 위반했을 때의 벌칙 또한 정해져 있다. 멸종 위기 야생동물 I급을 포획, 채취, 훼손하거나 죽인 자는 5년 이하의 징역 또는 500만 원 이상 5000만 원 이하의 벌금을 처한다. 또한 상습적으로 위반하는 사람은 7년 이하의 징역에 처하고 7000만 원의 벌금을 병과할 수 있다. 그 외 멸종 위기 야생동물 II급을 포획, 채취, 훼손하거나 죽인 자, I급을 가공, 유통, 보관, 수출, 수입, 반출 또는 반입한자, 멸종 위기 야생동물을 포획, 채취 등을 위하여 폭발물, 덫, 창애, 올무, 함정, 전류 및 그물을 설치 또는 사용하거나 유독물, 농약 및 이와 유사한 물질을 살포 또는 주입한 자, 허가 없이 국제적 멸종 위기종 및 그 가공품을 수출, 수입, 반출 또는 반입자, 특별 보호 구역에서 훼손 행위를 한 자, 사육 시설을 등록하지 않거나 거짓으로 등록한 자는 3년 이하의 징역 또는 300만 원 이상 3000만 원 이하의 벌금에 처한다.

법이라는 것은 벌칙을 주기 위해 정하는 것은 아니다. 처음부터 법을 위반하지 말아야 하는 것이다. 중요한 것은 우리로부터 점

국립생물자원관은 국가 생물자원의 소장과 연구를 총괄하는 기관으로, 향후 동북아 생물자원의 허브를 목표로 동양 최대 규모의 수장시설을 갖추고 2007년 10월에 개관하였다.

점 없어져가는 야생생물들을 지키고 보호하는 것이다. 야생생물법의 목적에서 언급한 것처럼 사람과 야생생물이 공존하는 환경을 만드는 것이 우선이다. 벌칙은 그렇지 못했을 때 처하는 양심의 대가인 셈이다.

멸종 위기에 처한 야생생물뿐만 아니라 이 땅에 사는 모든 야생생물은 보호를 받아야 한다. 인간이라고 함부로 이용하거나 포획, 채취할 권리가 있는 것이 아니다. 이를 위해 국가에서는 야생생물의 서식 실태 등을 파악하여 야생생물 보호에 관한 종합적인 시책을 수립, 시행하고, 야생생물 보호와 관련된 국제협약을 준수해야 하며, 관련 국제기구와 협력하며 야생생물의 보호와 그 서식환경의 보전을 위해 노력해야 한다. 뿐만 아니라 지방자치단체에서도 야생생물 보호를 위한 국가의 시책에 적극 협조해야 하며, 지역적 특성에 따라 관할 구역의 야생생물 보호와 그 서식환경을 위한 대책을 수립, 시행해야 한다.

국민 또한 야생생물 보호를 위한 국가와 지방자치단체의 시책에 적극 협조하는 등 야생생물 보호를 위해 노력해야 한다. 국가, 지방자치단체, 국민 모두가 야생생물의 소중함을 인식하고 보호하고자 노력할 때 생물다양성을 유지하며 생태계가 지속가능한 상태가 될 것이다.

멸종 위기를 막기 위해 노력하는 사람들

4장

멸종 위기에 처한 야생생물을 보호하고 체계적으로 관리하는 일은 어느 국가, 어느 개인만이 하는 일은 아니다. 지구상의 모든 생물들이 자유롭게 살고 위기에 처한 생물들은 보호를 받아야 한다. 이를 위해 여러 나라의 사람들이 모여 단체를 만들고 활동하는 것이다.

국제적으로 가장 먼저 설립된 단체는 세계자연보전연맹(International Unit for Conservation of Nature and Natural Resources)이다. 약자로 IUCN으로 표시하며 자연 보전과 자원 보호를 위해 유엔의 지원을 받아 1948년에 설립되었다. 1911년 미국, 캐나다, 러시아를 중심으로 창설되었고, 1928년 국제 자연 보존 연맹을 결성했다. 제2차 세계대전으로 환경 문제가 대두되면서 더 많은 나라들이 프랑스 파리에 모여 유엔의 지원 하에 1948년 국제기구로 정식 발족했다. 본부는 스위스 제네바 근처의 글랑에 있으며 국가, 정부기관, 비정부기구, 제휴기관 등이 가입되어 있다.

세계자연보전연맹(IUCN)은 1948년 설립되어 전 세계 멸종 위기 야생생물의 보호와 관리를 하는 단체다.

2012년 제주에서 개최된 세계자연보전총회를 기념하여 발행된 주화. 세계자연보전총회는 세계자연보전연맹이 4년마다 개최하는 환경 분야의 최고 국제회의다.

4년마다 세계자연보전총회(WCC: World Conservation Congress)를 여는데 2012년에는 우리나라 제주에서 개최되었다. 1948년 최초 회의가 개최된 이후 60여 년 만에 처음으로 동북아시아 지역에서 열린 회의였다.

세계자연보전연맹은 적색목록(Red List)을 만들어 멸종 위기에 처한 생물종을 선정하여 보존에 힘쓰고 있다. 적색목록은 모두 9개의 등급으로 멸종(EX), 야생멸종(EW), 위급(CR), 위기(EN), 취약(VU), 준위협(NT), 최소관심(NT), 정보부족(DD), 미평가(NE)가 있다. 이중 위급, 위기, 취약을 '멸종 위험군'이라 하며 주요 관심대상으로 여기고 있다. 따라서 적색목록에 등재 되었다라고 하면 이 세 가지 등급을 가리키는 경우가 많다.

세계자연기금은 자연보호를 위해 설립된 세계 최대의 국제 비정부 기구로 1961년 설립되었다.

세계자연기금(WWF: World Wide Fund for Nature)은 자연 보호를 위해 설립된 세계 최대 규모의 국제 비정부 기구로 1961년에 설립되었다. 설립 당시에는 세계야생생물기금이라는 이름으로 불렀으나 현재는 세계자연기금으로 바뀌었다. 야생동물과 자연 그대로 보존되어 있는 원시적 환경을 보호하는 활동을 주로 하고 있고, 지구온난화와 환경오염, 생물다양성에 대한 문제도 포함하고 있다. 특히 멸종 위기종과 서식지 보호에 힘쓰고 있다. 세계자연보전연맹과 함께 스위스 글랑에 본부를 두고 있다.

야생생물관리협회(KoWAPS: Korea Wild Animal & Plant Service)는 멸종 위기 야생생물을 체계적으로 보호·관리하고 정부 정책을 효율적으로 지원하기 위해 설립되었다. '야생생물의 보호 및 관리에 관한 법률'을 근거로 2008년에 설립된 정부 법인이다. 야생동식물의 보호와 관리뿐만 아니라 유해 야생동식물의 구제 및 밀렵·밀거래 단속, 수렵 단체 난립 방지 및 갈등 해소 등 정부의 정책을 효율적으로 지원하는 것을 목적으로 한다. KoWAPS는 Korea Wild Animal & Plant Service의 약어이며 생태계를 교란시키는 야생동식물을 관리하는 일도 하고 있다. 또한 멸종 위기 동식물의 서식 분포 조사, 야생동물 보호 캠페인과 같은 대국민 홍보 활동을 하며 부설기관으로 야생동식물연구소와 교육원을 보유하고 있다.

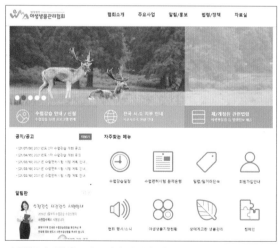

야생생물관리협회는 멸종 위기 야생생물을 체계적으로 보호·관리하기 위해 2008년에 설립된 정부 법인이다.

인간과 생물이 지구에 함께 살기

인간을 비롯해 지구에는 수많은 생명체가 살고 있다. 동물, 식물, 균류는 물론 단세포 생물들도 많다. 지구 밖에서 이 모습을 보면 지구는 생명체로 우글대고 있는 것으로 보일 것이다. 우주 어딘가에는 지구처럼 생명체가 살고 있는 곳이 있겠지만, 인간은 아직 그것이 어디에 있는지 발견하지 못했다. 태양계에서 유일하게 생명체가 살고 있는 지구는 축복이 넘치는 곳이다. 생명체가 살기 적합한 온도와 물 그리고 공기가 있다. 그 수많은 천체 중에서 왜 하필 지구인가!

생명체가 태어나고 숨 쉬고 살고 있는 것을 보면 어느 하나 신비롭지 않은 것이 없다. 인간이 부모의 유전자를 물려받아 태어나고, 몸을 이루는 하나하나의 세포와 그 세포를 이루는 분자와 원자가 하나의 생명체를 이루는 것은 오묘하기 그지없는 것이다. 우주에 존재하는 원자들이 모여서 인간도 되고, 호랑이도 되고, 코끼리도 되고, 독수리도 되고, 악어도 되고, 파리도 되는 것이다. 멸종된 공룡의 몸을 이루고 있는 원자가 또 다른 생명체의 재료가 된다. 도망도 가지 않는 채 잡아먹힌 도도의 원자가 풀이 되고 나무가 된 것이다. 생명체가 멸종되거나 죽는다고 해서 그 원자가 세상에 없어지는 것은 아니다. 그 개체와 그 종은 없어지지만 또 다른 생명체가 태어나게 되는 원재료가 되는 것이다.

인간과 가까이에 살며 늘 귀찮게 하는 모기도 따지고 보면 하나의 완벽한 생명체로 태어난 것이다. 비록 손바닥으로 쉽게 잡아 죽일 수도 있지만 자신의 유전자를 남기기 위해 목숨을 걸고 피를 빠는 모기의 노력을 생각해 본 적이 있는가. 물론 모기는 피를 빠는 과정에서 인간과 많은 동물에게 질병을 일으켜 죽게 만들기도 한다. 그래서 인간들은 모기를 잡아 없애기 위해 노력한다. 서두에서 이야기한 대로 모기는 보이는 대로 잡는다고 멸종될 것 같지는 않다. 그러나 미얀마와 말레이반도 그리고 수마트라 섬의 일부 지역에서 살고 있는 수마트라코뿔소는 인간들의 남획으로 약 30마리만이 생존해 있다고 한다. 멸종 직전에 처해 있는 종이다. 사올라라고 하는 솟과의 동물은 살아 있는 개체가 11마리 정도여서 멸종은 시간문제가 되었다. 지구상에 생명체로 태어났지만 다른 생명체로 인해 멸종된다는 것은 얼마나 슬픈 일인가.

인간이 지구에 출현하기 전에 운석충돌 등으로 인해 공룡이 멸종한 것은 천재지변이다. 지금도 화산, 지진, 태풍 등 자연의 활동으로 생명체가 죽거나 멸종에 이르는 것은 인간으로서도 어쩔 수 없는 일이다. 하지만 인간이 먹고 돈을 벌기 위해 다른 생명체

솟과에 속하는 사올라는 겨우 11마리 정도가 살아 있는 멸종 직전에 처해 있는 동물이다.

를 멸종에 이르게 하는 것은 같은 생명체로서 해서는 안 되는 일이다. 어떤 생명체가 필요하다면 대책을 마련하고 이용해야 하는 것이다. 그래야 인간과 생물이 하나밖에 없는 지구에서 함께 살수 있는 것이다. 인간이 지구의 주인은 아니다. 지구는 어느 누구 것이 아니라 지구 생명체 모두의 것이다. 지구의 생태계는 스스로 작동할 수 있도록 짜여 있다. 아무리 지능이 뛰어나고 똑똑하다고 해도 인간이 생태계에 개입할 수는 없다. 인간도 생태계의 한 구성원일 뿐이다.

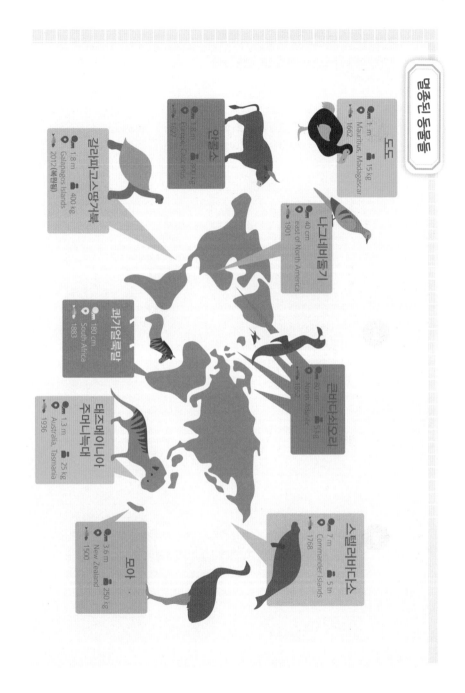

도도
📏 1 m ⚖ 15 kg
📍 Mauritius, Madagascar
🕐 1662

나그네비둘기
📏 40 cm
📍 east of North America
🕐 1901

갈라파고스땅거북
📏 1.8 m ⚖ 400 kg
📍 Galapagos Islands
🕐 2012 (록펠러)

오록스
📏 1.8 m ⚖ 900 kg
📍 Europe, Caucasus
🕐 1627

콰가얼룩말
📏 180 cm
📍 South Africa
🕐 1883

큰바다쇠오리
📏 80 cm ⚖ 5 kg
📍 North Atlantic
🕐 1852

태즈메이니아
주머니늑대
📏 1.3 m ⚖ 25 kg
📍 Australia, Tasmania
🕐 1936

스텔라바다소
📏 7 m ⚖ 5 t
📍 Commander Islands
🕐 1768

모아
📏 3.6 m ⚖ 250 kg
📍 New Zealand
🕐 1500

1 우리나라에서 멸종된 생물 중 한 종을 복원을 할 수 있다면 어떤 생물을 복원할 것이며 그 이유를 생각해 봅시다.

....

....

2 윗 질문에서 대상을 세계로 넓힌다면 어떤 멸종된 생물 중 한 종을 복원을 할 것인지 그 이유를 생각해 봅시다.

....

....

3 만약 성경에 나오는 노아의 방주와 같은 사태가 발생한다면 어떤 종들을 방주에 태울 것인지 의견을 말하고 그 이유를 생각해 봅시다.

....

....

숌부르크사슴은 태국에서만 서식했던 사슴과의 동물로 뿔이 아름다워 남획에 의해 멸종되었다. 이 사슴의 이름은 1857~1864년 방콕에서 근무했던 영국 영사 로버트 숌부르크경의 이름을 따온 것이다. 숌부르크는 지리학자, 민족학자, 식물학자이기도 했다. 숌부르크사슴의 뿔의 아름다움이 알려지자 무차별적인 사냥이 시작되었고, 서식지인 습지까지 줄어들면서 1938년 멸종으로 기록되었다. 암컷에게 잘 보이고 다른 수컷을 물리치는 데 필요했던 뿔이 인간에게는 너무 아름답게 보인 것이 그들의 멸종을 재촉하고만 것이다.

4 외견이 너무 아름답거나 너무 추한 것이 멸종의 타당한 원인이 될 수 있을까요? 그 경우 가치 기준의 판단을 내리는 것이 꼭 인간이어야 할 필요가 있을까요?

....

....

얼마 전, 인터넷 검색을 하다가 '악마가 돌아왔다?!', '귀여운 악마', '돌아온 악마'라는 제목의 기사들이 눈에 들어왔다. 또 낚이는 걸까? 하고 클릭해 보니 '태즈메이니아데빌'에 관한 기사였다. 제목은 낚시였지만 내용은 낚인 것이 아니었다. 태즈메이니아데빌은 오스트레일리아 남쪽에 있는 태즈메이니아섬에 서식하는 주머니고양잇과의 유대류다. 오스트레일리아와 뉴질랜드에는 캥거루, 왈라비, 코알라 등 주머니 즉, 육아낭을 가지고 있는 포유류가 많다. 아마도 아주 오랜 옛날 오스트레일리아에는 이들을 잡아먹는 천적이 많지 않아 불완전한 상태로 태어나도 새끼를 기르는 데 었기 때문이리라. 초식동물인 이들과 달리 육식동물이면서 육아낭을 가지고 있는 동물도 있다. 그것이 바로 태즈메이니아데빌이다. 태즈메이니아데빌이 기사화된 것은 태즈메이니아섬이 아닌 오스트레일리아 본토에서 자연 번식에 성공했기 때문이었다. 본토에서 태즈메이니아데빌이 번식한 것이 3000년 만에 처음이라고 한다. 그야말로 대단한 일이다.

태즈메이니아데빌은 원래 오스트레일리아 전역에서 서식했다.

그런데 유럽 사람들이 점점 이주하면서 함께 데리고 온 개가 야생화하면서 개체수가 줄어들게 되었다. 이 야생 개는 우리가 기르는 반려견과 다른 늑대의 아종이 되었다. 학명도 캐니스 루푸스 딩고(Canis lupus dingo)로 흔히 '딩고'라고 부른다. 태즈메이니아데빌은 딩고 때문에 점점 본토에서는 사라졌고 딩고가 없는 태즈메이니아섬에서만 지금까지 살고 있었다. 남아 있는 태즈메이니아데빌도 악성 안면 종양으로 개체수가 줄어 세계자연보전연맹 적색목록에 위기(EN)종으로 등재되었다. 보통 멸종 위기종을 표시하는 등급은 위급(CR), 위기(EN), 취약(VU)인데 태즈메이니아데빌은 이 중 위기 등급인 것이다.

자연 번식에 성공한 것은 오스트레일리아 야생동물보호단체인 오지아크(Aussie Ark)의 노력으로 이루어졌으며 모두 7마리가 태어났다고 한다. 사실 이름에 '데빌'이라는 무서운 이름이 붙어 있지

오스트레일리아 본토에서 자연 번식에 성공한 태즈메이니아데빌.

만, 자연의 청소부로 동물 사체를 먹어치우는 역할과 함께 없어서는 안 될 생태계의 일원이다. 태즈메이니아데빌을 처음 본 유럽 사람들이 동물 사체를 먹고 울음소리가 기묘하다는 이유로 악마라는 이름을 붙인 것이다.

태즈메이니아데빌 기사를 보니 문득 태즈메이니아주머니늑대가 생각났다. 태즈메이니아데빌과 같은 육식 유대류인데, 1933년 마지막 암컷이 포획되어 동물원에서 생명을 이어가던 중 1936년 죽음으로써 지구상에서 멸종하고 말았다. 이후 태즈메이니아주머니늑대를 목격했다는 제보들이 나왔지만 모두 확인할 수 없는 것이었다. 복제를 하려는 시도도 여러 차례 있었지만 아직까지 성공했다는 이야기는 들려오지 않는다.

오스트레일리아 태즈메이니아섬에서 살다가 멸종된 태즈메이니아주머니늑대. 사진은 1903년 미국 워싱턴 국립동물원에서 촬영한 태즈메이니아주머니늑대 어미와 그의 새끼다.

세계자연보전연맹 적색목록에 '위급' 등급으로 등재되어 있는 자바코뿔소가 자연 번식에 성공했다는 뉴스가 전해졌다. '위기' 등급인 자바뿔매(오른쪽)의 알 부화 소식도 있었다.

다른 뉴스를 뒤져 보니 적색목록 멸종 등급이 위급(CR)인 자바코뿔소 새끼 2마리가 CCTV에 포착되었다는 기쁜 소식도 있었다. 이 새끼들은 인도네시아 자바섬 서쪽 우중쿨론 국립공원에서 태어났는데 자바코뿔소는 전 세계에서 70여 마리만 살아 있는 상황이다. 인도네시아 환경산림부는 서식지에 대한 강력한 보호 정책이 자연 번식을 성공시켰다고 발표했다. 이 국립공원에서는 지난해에도 2마리의 새끼가 태어났으며 멸종 위기에 처한 동물들에 대한 보호를 잘 실천하고 있는 것으로 보인다. 덧붙여 적색목록 위기(EN) 등급인 자바뿔매의 알 1개가 부화가 성공해 조류보호연구소에서 잘 자라고 있다는 소식도 함께 알렸다.

미국발 뉴스로는 멸종 위기종으로 보호해왔던 회색늑대를 사냥해도 좋은 야생동물로 지정했다는 얘기가 나왔다. 이는 아이다호주에서 회색늑대의 추정 개체 수를 1,556마리에서 150마리로 줄이는 법안을 주 상원이 승인하면서 나온 것이다. 이 이야기는 앞서 1장에서 언급했던 미국 와이오밍주에서 사라졌던 늑대를 복원하면서 무너졌던 생태계를 다시 돌려놓은 사례와 정반대되는 상황이다. 미국 전역에서는 1900년대 초반에 육식동물 개체 수 조절을 위한 사냥과 경작지 확대로 서식지가 줄어 회색늑대가 멸종 위기에 처하게 되었다. 그러자 미국 어류 및 야생동물관리국에서 생태계 최상위 포식자인 회색늑대를 보전하기 위해 노력했다. 이렇게 개체 수가 늘자 이번엔 가축에 피해를 준다고 다시 사냥을 허용하게 된 것이다. 최근 회색늑대 사냥을 허용한 위스콘신주에서는 60시간도 채 되지 않아 216마리가 희생당했다고 한다. 아이다호주에서도 이 법안이 최종 통과되면 회색늑대의 앞날이 어떻게 될지 모를 일이다.

인도에서 전해온 또 다른 뉴스가 있다. 남아프리카에서 치타 8마리를 인도의 한 국립공원으로 보내기로 했다는 소식이다. 인도에 왜 치타를 보낼까? 치타는 엄청나게 빠른 속력으로 아프리카의 초원을 누비며 가젤이나 영양과 작은 초식동물을 사냥하며 사는 고양잇과 동물이 아닌가! 그런데 기사에 의하면 원래 16~19세기 인도에는 약 1만 마리의 치타가 서식하고 있었다고 한다. 20세기로 접어들면서 치타는 사냥, 서식지 감소, 먹이 부족으로 인도에서 1967년 즈음에 멸종되고 말았다. 1950년대부터 치타의 개체수를 늘리려는 시도가 있었지만 성공하지 못했다. 인도 정부에 따

르면 이번 치타의 재도입은 야생동물연구소에서 쿠노 국립공원을 비롯해 3곳에 남아프리카와 비슷한 서식 환경을 만들어 충분한 먹이를 제공할 예정이기 때문에 기대가 크다고 한다. 치타는 적색 목록의 취약(VU) 등급에 등재되어 있다. 이번에는 성공하여 아프리카가 아닌 인도에서도 치타의 전속력 질주를 보게 되기를 희망해 본다.

이렇듯 멸종 관련 뉴스는 꾸준하게 들려온다. 멸종 위기에 처한 특정 동식물이 자연 번식에 성공했다는 뉴스, 어느 곳에서 모종의 이유로 무슨 동식물이 멸종 위기에 처하게 되었다는 뉴스, 멸종된 동식물을 복원했다는 뉴스, 밀렵, 밀어, 남벌로 멸종 위기에 처한 동식물의 개체 수가 줄었다는 뉴스, 어떤 동식물이 적색 목록에 새롭게 등재되었다는 뉴스 등등. 평소 동식물에 대해 관심이 없을 수도 있지만, 이런 기사를 접하게 될 기회가 있다면 그때만큼이라도 관심을 가져 보면 어떨까?

필자가 실제로 겪은 일이다. 요즘은 도심에도 개천이 잘 보존되어 있어 물이 흐르고 몇몇 오리들을 자주 볼 수 있다. 도심 개천에서 흔히 볼 수 있는 오리는 눈 쪽에 검은 줄무늬가 있는 흰뺨검둥오리와 수컷의 머리가 청록색인 청둥오리일 가능성이 크다. 여기에 원앙, 백로, 왜가리 등도 심심치 않게 볼 수 있다. 개천에 나가 보면 운동을 하거나 산책을 하는 사람들이 많다. 흰뺨검둥오리는 텃새여서 개천 주변에 알을 낳고 새끼를 기른다. 따라서 어미 흰뺨검둥오리가 여러 마리의 새끼를 데리고 다니는 것도 볼 수 있다.

참으로 아름다운 광경이다. 오리와 같은 새들이 산다는 것은 먹을 것이 있고 쉴 수 있는 곳이 있다는 것이다. 필자는 늘 개천을 걸으며 이번에는 또 다른 종의 새들이 있지는 않을까 눈여겨본다. 그런데 언젠가 예닐곱 된 꼬마들이 흰뺨검둥오리 새끼들에게 돌을 던지는 것을 보았다. 문제는 같이 온 부모가 그런 행동을 말리지 않고 돌을 잘 던진다고 좋아하는 것이었다. 깜짝 놀라 부모에게 다가가서 그만 하도록 정중하게 일렀다. 그 부모는 처음에는 탐탁치 않은 표정이었지만 이내 잘못된 일임을 알고 그 자리를 떠났다. 집에 가서 아이들한테도 다시는 그러지 못하도록 이야기를 했을 것이라고 믿고 싶다. 주변에 야생생물들이 편하게 살 수 있다는 것만 해도 고마운 일인데, 그 부모와 아이들이 그런 고마움을 꼭 알았으면 좋겠다는 생각이 들었다.

동식물들은 태양계의 여러 행성 중 생명체가 살 수 있는 이 지구에 태어나고 자라서 자손을 남기며 죽을 뿐이다. 죽으면서 새로운 생명체가 만들어질 수 있도록 가지고 있던 몸의 재료를 지구에 남겨 주는 것이다. 우리 인간도 마찬가지다. 한정된 공간을 가진 지구에 생명체들로 넘쳐나 공멸할 위기에 처해 타노스의 핑거스냅이 필요한 지경에 이르러서는 안 될 일이다. 야생생물들이 개체 수가 줄거나 멸종하는 데는 인간들의 영향이 크다. 야생생물들의 입장에서 볼 때 인간들이 오히려 생태계 교란 동물일 수 있다. 인간들의 교란이 없다면 야생생물들은 나름대로 생태계 균형을 위해 먹이사슬과 먹이그물을 유지하며 살아갈 것이다.

참고문헌

『한국의 귀화식물』 / 박수현 저 / 일조각

『식물의 인문학』 / 박중환 저 / 한길사

『사라져가는 한국의 야생동물을 찾아서』 / 김연수 글, 사진 / 당대

『한국식물생태보감 1, 2』 / 김종원 저 / 자연과생태

『레이첼 카슨 평전』 / 린다 리어 저, 김홍옥 역 / 샨티

『지켜라! 멸종 위기의 동식물』 / 백은영 저, 허라미 그림 / 뭉치

『이유가 있어서 멸종했습니다 : 고생대에서 현대까지』 / 마루야마 다카시 글, 허영은 역 / 위즈덤하우스

『세계사를 바꾼 13가지 식물』 / 이나가키 히데히로 저, 서수지 역 / 사람과나무사이

『마블이 설계한 사소하고 위대한 과학 : 타노스의 핑거 스냅』 / 세바스찬 알바라도 저 / 하이픈

『과학뒤집기 : 생태와 환경』 / 김성은 글, 이민영 그림 / 도서출판 성우

『과학뒤집기 : 기후 변화』 / 박미용 글, 이국현 그림 / 도서출판 성우

국립생물자원관 / 한반도의 생물다양성 누리집(https://species.nibr.go.kr)

세계자연보전연맹(IUCN) / 적색목록 누리집(https://www.iucnredlist.org)

국가법령정보센터 / 야생생물 보호 및 관리에 관한 법률 누리집(https://www.law.go.kr)

뉴스펭귄 / 멸종한 소똥구리, 3년 뒤 한국 돌아온다
(https://www.newspenguin.com/news/articleView.html?idxno=4667)

뉴스펭귄 / 660만 년 전 공룡 대멸종서 악어가 살아남은 이유
(https://www.newspenguin.com/news/articleView.html?idxno=4313)

뉴스펭귄 / 멸종위기라며 보호할 땐 언제고… 미국, 늑대 1000마리 사냥 허가
(https://m.post.naver.com/viewer/postView.nhn?volumeNo=31383568&memberNo=44939664)

뉴스펭귄 / 과거 1만 마리 → 멸종된 치타, 인도 땅에서 '부활' 성공할까
(https://m.post.naver.com/viewer/postView.naver?volumeNo=31702373&memberNo=44939664)

뉴스펭귄 / '악마가 돌아왔다?!' 3000년 만에 호주서 태어난 이 동물 정체
(https://m.post.naver.com/viewer/postView.naver?volumeNo=31665122&memberNo=44939664)

KISTI의 과학향기 / 매미는 왜 땅속에서 17년을 기다릴까?
(https://m.terms.naver.com/entry.naver?cid=60335&docId=3409948&categoryId=60335)